RESTAURATION

DES THERMES

D'ANTONIN CARACALLA,

A ROME.

RESTAURATION
DES THERMES
D'ANTONIN CARACALLA
A ROME,

PRÉSENTÉE EN 1826, ET DÉDIÉE EN 1827,

A L'ACADÉMIE DES BEAUX-ARTS DE L'INSTITUT ROYAL DE FRANCE;

Par G. ABEL BLOUET,

ARCHITECTE,

ANCIEN PENSIONNAIRE DU ROI A L'ACADÉMIE DE FRANCE, A ROME.

CARACALLA, EMPEREUR.

A PARIS,
IMPRIMERIE ET LIBRAIRIE DE FIRMIN DIDOT,
IMPRIMEUR DU ROI, DE L'INSTITUT ET DE LA MARINE,
RUE JACOB, N° 24.

MDCCCXXVIII.

A MESSIEURS LES MEMBRES COMPOSANT L'ACADÉMIE ROYALE DES BEAUX-ARTS DE L'INSTITUT DE FRANCE.

MESSIEURS,

Étant sur le point de publier mon travail sur la restauration des Thermes de Caracalla, dont Son Excellence le Ministre de l'Intérieur a bien voulu, d'après votre recommandation, encourager la publication, je croirais manquer au sentiment de la reconnaissance que je vous dois, si j'omettais de placer en tête de cet ouvrage le nom de l'Académie, dont je me fais honneur d'avoir été l'élève. C'est à ses enseignements et à sa haute protection que je dois tout. Je sens que ce serait contracter encore une nouvelle dette envers elle, que d'obtenir l'appui de son suffrage, et j'hésiterais à le solliciter, si je ne pouvais me flatter que le mérite de mon travail, dans le cas où le public l'en jugera digne, doit retourner à elle.

Il me reste donc, Messieurs, une grace à vous demander, c'est que vous vouliez bien consentir qu'en vous dédiant mon ouvrage, je le fasse paraître sous les auspices de votre Académie. En m'accordant cette faveur vous mettrez le comble à toutes celles que j'en ai déja reçues, et dont je conserverai une éternelle reconnaissance.

J'ai l'honneur d'être, etc.

A. BLOUET.

RÉPONSE DE MONSIEUR LE SECRÉTAIRE PERPÉTUEL DE L'ACADÉMIE.

MONSIEUR,

J'ai fait lecture à l'Académie de la lettre par laquelle vous sollicitez son agrément, pour lui dédier votre ouvrage sur la restauration des Thermes de Caracalla. En général l'Académie n'a point l'usage d'autoriser par un agrément exprès, les dédicaces qu'il pourrait plaire aux auteurs de lui adresser. Libre sans doute à chacun de lui faire cette sorte d'hommage; mais autre chose est le recevoir, autre chose est l'autoriser par un acte préalable. Plus d'un inconvénient pourrait naître soit des acceptations qui se réduiraient à une vaine formule, soit des refus qui pourraient avoir lieu. Toutefois ici, considérant et l'importance de votre ouvrage et la nature particulière d'un travail, qu'elle peut d'autant mieux avouer qu'elle l'a déja sanctionné dans son rapport de l'année 1826, par une approbation publique, l'Académie me charge de vous faire connaître qu'elle recevra avec beaucoup de plaisir l'honorable témoignage d'une gratitude, qui ajoute à tous les titres de mérite qu'elle se plaît à reconnaître en vous.

Comptez-moi, je vous prie, Monsieur, pour quelque chose dans l'expression des sentiments dont je suis en ce moment l'organe, et que je me félicite de partager.

Le Secrétaire perpétuel,

QUATREMÈRE-DE-QUINCY.

PRÉFACE.

L'ouvrage que je présente au public est le résultat d'un travail de plusieurs années. Etant à Rome comme pensionnaire du Roi, et devant, en cette qualité, au Gouvernement la restauration d'un monument antique à mon choix, une circonstance des plus heureuses me fit donner la préférence aux Thermes d'Antonin Caracalla. M. le comte Velo, seigneur Vicentin, et amateur zélé des beaux-arts et de l'antiquité, avait entrepris en 1824 des fouilles considérables dans ce monument, pour en faire connaître toutes les parties inférieures qui, depuis plusieurs siècles, étaient enfouies sous 4 à 5 mètres de terre et de décombres. Je ne balançai pas à saisir cette occasion. Je dessinai et recueillis très-scrupuleusement tous les documents que ces travaux devaient mettre au jour, et j'eus le bonheur de trouver dans M. le comte Velo une telle obligeance, qu'il dirigea ses travaux de manière à favoriser le plus possible les découvertes que je voulais faire.

Je paie ici à M. le comte Velo ce léger tribut de ma reconnaissance, car c'est aux fouilles qu'il a fait exécuter dans les Thermes d'Antonin Caracalla, que mon ouvrage doit une grande partie de son intérêt, et par conséquent le succès qu'il a obtenu à l'Académie royale des Beaux-Arts. Ces fouilles ont eu pour résultat la découverte de toutes les mosaïques qui formaient les pavements du monument, les constructions qui les supportaient, la nature des revêtements en marbre qui existaient encore en place, quantité de fragments de colonnes, chapiteaux, entablements, sculptures, etc., et beaucoup de détails de construction, propres à servir de preuves matérielles, pour déterminer l'usage de chacune des parties qui composent l'ensemble de cet immense édifice.

Encouragé par les premières découvertes, je fis faire, aux frais de l'Académie royale de France, des fouilles assez considérables qui eurent le plus grand succès, et qui achevèrent pour mon travail ce que M. le comte Velo avait si heureusement commencé: ces recherches terminées, je mesurai et dessinai en 1825 l'ensemble des ruines qui couvrent en superficie un terrain de 124140 mètres, c'est-à-dire environ un tiers de plus que celui de l'Hôtel royal des Invalides, à Paris. En les examinant attentivement, je remarquai que tous les auteurs qui s'en étaient occupés avaient négligé d'en étudier la décoration, se contentant de donner la masse des constructions en briques, qui font aujourd'hui comme le squelette du monument, sans remarquer que presque partout on retrouve, sinon les revêtements en marbre qui les couvraient, au moins les stucs qui devaient les recevoir, et dans les stucs l'empreinte encore existante des compartiments de marbre et de mosaïques dont il reste quelques parties, objets qui avant leur ruine devaient donner à ce monument un aspect de la plus grande magnificence.

Je remarquai aussi que les plans et élévations donnés par des auteurs justement célèbres étaient inexacts, et je fus porté à croire qu'ils n'avaient voulu faire que de simples esquisses de ces monuments, dans la seule vue d'étudier les belles dispositions et le grand caractère de leur ensemble.

Les découvertes faites dans les nouvelles fouilles, me déterminèrent à entreprendre un travail, dont plusieurs auteurs avaient si imparfaitement traité le sujet, et je pensai qu'en présentant ce nouveau résultat à l'Académie, je pourrais lui offrir sinon une chose entièrement neuve, au moins beaucoup d'observations et de découvertes nouvelles, qui pourraient l'intéresser et jeter des lumières sur un édifice, dont quelques parties sont encore, quant à leur usage, le sujet de doutes assez difficiles à lever. Je mis en parallèle des dessins de toutes les parties existantes du monument de Caracalla, ceux des restaurations qui m'avaient été suggérées, tant par les découvertes qui venaient d'être faites, que par leur analogie avec d'autres monuments semblables; je joignis à ce travail un Mémoire dans lequel je donnai les descriptions des Thermes, restituées d'après le dire des auteurs anciens. Quoique ces écrivains aient parlé des Gymnases, des Palestres et des Bains des Romains, avant l'époque où les Thermes durent recevoir toute l'extension, qui leur fit comprendre dans leur ensemble les trois genres d'édifice dont on a parlé, on trouve cependant, en s'aidant de leurs descriptions, le moyen de déterminer l'usage de chacune des parties dont se composèrent ces monuments.

Sans prétendre mieux faire que Cameron dans son savant ouvrage sur les Bains, j'ai cependant cru nécessaire de donner après lui cette description, parce que j'ai trouvé par l'inspection même des lieux, plus d'une preuve matérielle qu'il était tombé dans quelques erreurs que je rectifie, en soumettant mes observations au jugement des gens de l'art.

J'ai pensé que si les dernières découvertes faites dans les Thermes d'Antonin Caracalla, pouvaient servir à déterminer d'une manière positive l'usage de chacune de leurs parties, il serait facile ensuite de connaître aussi celles des Thermes de Titus et de

Dioclétien, puisqu'ils sont disposés à peu près de même, et que leurs expositions sont semblables; cette dernière remarque porte à conclure que l'exposition était, pour les monuments, d'une grande importance, puisque pour satisfaire à cette donnée rigoureuse, les Thermes de Dioclétien ont été placés de manière à présenter leur entrée principale du côté opposé au centre de la ville.

Quoiqu'il ne soit pas indispensable pour mon travail d'entrer dans des recherches historiques, j'ai cru cependant qu'il ne serait pas inutile de le faire précéder d'une courte notice sur les bains en général, renvoyant à l'ouvrage de Cameron ceux qui voudraient entrer dans de plus grands détails.

Mon travail terminé en 1826, fut envoyé à Paris, où il fut exposé aux yeux du public, qui voulut bien l'honorer d'un accueil favorable; l'Académie des Beaux-Arts, chargée d'examiner ce travail, en fit un rapport des plus flatteurs, et s'intéressa en sa faveur auprès de Son Excellence le Ministre de l'Intérieur, pour qu'elle voulût bien en encourager la publication.

C'est ce même travail, complété par de nouvelles recherches, que je publie aujourd'hui avec l'encouragement du Ministre, et sous la protection de l'Académie royale des Beaux-Arts. J'espère que le public voudra bien accueillir un ouvrage, qui peut faire connaître dans toutes ses parties un monument dont les belles combinaisons, malgré quelques impuretés de détail, qui tiennent à l'époque à laquelle il a été construit, seront toujours d'un grand prix aux yeux des savants et des artistes qui, débarrassés de toute prévention de mode ou de caprice, sauront distinguer le beau partout où il se trouve. J'aurai atteint le but que je me suis proposé, si j'obtiens leurs suffrages et celui du public, en faisant connaître ce monument, un des plus grands, des plus beaux, et des plus riches de la magnificence romaine.

INTRODUCTION.

DES BAINS EN GÉNÉRAL.[*]

L<small>A</small> santé rendit toujours l'usage du bain d'une absolue nécessité; aussi chez tous les premiers peuples voit-on les hommes et les femmes se baigner indistinctement dans les fleuves, dans les rivières et même dans l'onde des ruisseaux [1]. Les Grecs conservèrent long-temps cet usage, mais ils préféraient se baigner dans la mer, persuadés que les matières salines donnaient non-seulement de la force aux nerfs, mais encore chassaient du corps toute humeur maligne [2]. Ils regardaient cet usage comme un devoir à la suite d'un deuil, d'une calamité [3], et croyaient par ce moyen se rendre une entreprise favorable [4]: aussi arrivait-il souvent qu'au milieu d'un combat, les soldats, dégouttants de sueur et couverts de poussière, se plongeaient dans la mer et venaient ainsi purifiés se baigner dans une onde limpide [5], afin de se donner une vigueur nouvelle et obtenir une victoire assurée.

On faisait aussi usage des bains chauds, dont la découverte est attribuée tantôt à Vulcain [6], tantôt à Minerve [7]; car dans l'une des sources du Xanthe, dont l'onde était bouillante, on avait disposé de vastes bassins où les femmes troyennes venaient se baigner [8], et à Galepsus, petit village de l'Eubée, il y avait des bains de fontaine d'eau chaude, où toute la Grèce se rendait [9]. On établit même dans les palais et jusque dans les vaisseaux des bains particuliers [10], dont les apprêts étaient spécialement réservés aux femmes [11]; mais les Phéaciens, ces navigateurs dont la magnificence et la galanterie étaient renommées, faisaient particulièrement leurs délices de ces bains [12]. Comme rien n'indique que les villes anciennes eussent des établissements publics pour cet usage [13], tout porte à croire que ce ne fut que dans les siècles plus rapprochés, lorsque le luxe et la mollesse se furent introduits [14], que chaque ville eut ses bains publics, Lacédémone exceptée; les Lacédémoniens préférant les étuves, où ils venaient se faire suer après s'être baignés dans le fleuve Eurotas [15].

Bientôt un raffinement de volupté établit l'usage de prendre le bain par degrés, et, comme en Laconie, on construisit des étuves pour ceux qui ne voulaient qu'une transpiration abondante: aussi ces vastes édifices servaient-ils d'asile aux pauvres pendant la rigueur de l'hiver [16].

Quoique l'usage de s'oindre et de se parfumer à la sortie du bain, pour adoucir la peau et fermer les pores [17], soit très-ancien, puisqu'à l'époque de la guerre de Troie on se servait d'huile mêlée de plantes odoriférantes et surtout de roses [18], une loi de Solon le défendit aux hommes: long-temps les Spartiates suivirent fidèlement cette loi, puisqu'ils chassaient de leur ville tous ceux qui vendaient des parfums [19]; mais lorsque ce peuple eut échangé l'austérité de ses mœurs contre la mollesse des Ioniens, qui eux-mêmes, voisins de l'Asie, importèrent en Grèce toutes les inventions du luxe asiatique le plus raffiné [20], cet usage devint général, et les Grecs poussèrent la recherche des parfums jusqu'à donner la préférence aux plus odoriférants, et comme plus propres à conserver la souplesse de la peau [21]. Pendant plusieurs siècles Rome n'eut d'autre eau que celle de quelques puits, de fontaine [22] et celle du Tibre, dans lesquelles les Romains se baignèrent jusqu'à l'an de Rome CDXLI, époque à laquelle Appius Claudius fit venir les eaux de la source de Preneste jusque dans la ville par des aquéducs [23]. D'autres censeurs ayant imité son exemple, Rome se trouva pourvue d'eau; alors les Romains, plus par nécessité que par ostentation [24], construisirent à l'instar des Grecs des bains publics [25] et particuliers [26]. Mais sous les empereurs ces édifices se multiplièrent et devinrent un point central de réunion d'un grand nombre d'établissements d'utilité et de

<hr/>

[*] Je dois les recherches qui composent cette Introduction à l'amitié de M. Macquet, architecte du Gouvernement.

[1] Hom. Odyss., liv. VI. Mosch. Idyll., II, vers 31. Exod., cap. 62. Quint.-Curt., lib. III, cap. 5. — [2] Hom. Odyss., liv. XV. — [3] Artemidor., lib. I, cap. 66. — [4] Hom. Il., liv. X. — [5] Olymp., od. XII. Poll., lib. IX, cap. 6. — [6] Athen., lib. III, cap. 35. — [7] Hom. Il, liv. XXII. — [8] Plut., Propos de table, liv. IV, question 6. — [9] Spanh. in Aristoph. Nub., vers. 987. — [10] Hom. Il., liv. XXII. Id., liv. XIV. — [11] Hom. Odyss., liv. VIII. — [12] Athen., lib. I, cap. 14. — [13] Artemid., lib. I, cap. 66. — [14] Furgault, Dict. d'antiquités. — [15] Aristoph. in Plut., v. 535. — [16] Eustath. in Il., 10. Athen., lib. XV, cap. 10. — [17] Plin., Nat. Hist., lib. III, cap. 1. Hom. Odyss., liv. III et XXIV. — [18] Furgault, Dict. d'antiquités. — [19] Valer. Maxim., lib. II, cap. 6. — [20] Athen., lib. XV, cap. 10. — [21] Tite-Live, 1, 19. Ovid. Fast., III, v. 13. Ovid. Fast. v, v. 673. — [22] Diodor., XX-XXXVI, an. 441. — [23] Senec., ep. 86. — [24] Horat., ep. 1, lib. 1, v. 92. Cic. Cœl. 26. — [25] Cic. de Orat. 2-55.

plaisir, et prirent une grandeur telle qu'on pouvait les regarder moins comme des villes que comme des provinces entiè-
res[1] : ces édifices prirent alors le nom de Thermes[2]. Mécènes fut un des premiers qui de ses propres deniers fit élever
des Thermes à Rome[3]; et plus tard un grand nombre furent construits tant à l'intérieur qu'à l'extérieur de la ville[4]. Dans
la suite les empereurs donnèrent à ces édifices la plus grande magnificence, ils les décorèrent des chefs-d'œuvre de peinture, de sculpture, que les Romains, par suite de leurs conquêtes, enlevèrent aux principales villes de la Grèce et de l'Asie.
Agrippa, pendant son édilité, en fit élever cent soixante et dix; mais parmi les Thermes les plus importants et auxquels
leurs fondateurs attachèrent leurs noms on remarquait :

Les Thermes d'Agrippa..... bâtis vers l'an   10 de l'ère vulgaire.
         de Néron...............   64
         de Vespasien..............   68
         de Titus.................   75
         de Trajan.................   110
         d'Adrien.................   120
         de Commode.............   188
         d'Antonin Caracalla........   217
         d'Alexandre-Sévère.........   230
         de Philippe...............   245
         de Dèce.................   250
         d'Aurélien................   272
         de Dioclétien.............   295
         de Constantin............   324

Indépendamment de ces Thermes, sous le règne des Antonins on comptait huit cents bains dans la ville de Rome: les
principaux étaient ceux de Paul Émile, de Jules César, de Mécènes, de Livie, de Salluste, d'Agrippine, etc.[5]. Les Thermes
renfermaient de vastes salles qui avaient chacune leur destination et leur nom particulier en raison de leur emploi; aussi
les Romains appelaient-ils *apodyterium* ou *spoliatorium*, le lieu où l'on se déshabillait avant de prendre le bain[6], et où
se tenaient les *capsarii*, esclaves chargés du soin des vêtements[7]; *elæothesium*, la salle où l'on conservait les parfums[8];
unctuarium, celle où les esclaves appelés *unctuarii* étaient chargés du soin de parfumer avant d'entrer dans le bain comme
aussi à sa sortie[9] : ces esclaves prenaient indistinctement le nom de *pueri unguentarii*[10], *aliptæ*[11], parce qu'ils étaient
également chargés de la garde des essences ou des huiles parfumées déposées dans de petits vases d'albâtre[12], ou dans des
fioles de corne à long col appelées *guttus*[13] et quelquefois *rhinoceros*[14].

Les salles destinées à l'usage des bains proprement dits avaient en leur milieu de grands bassins appelés *baptisterium*,
natatio, quelquefois *piscina*[15]. Les baigneurs se mettaient pêle-mêle dans ces vastes bassins où l'on pouvait nager ainsi
que dans une petite mer[16]; aussi arrivait-il souvent que le désir de se placer vous faisait recevoir de si rudes coups, que
l'on était renversé et foulé sous les pieds de la foule empressée[17]. Les Romains, qui adoptaient en tout point les mœurs et
usages grecs, prenaient le bain par degrés. Ils passaient du froid au tiède, ensuite au chaud, de là aux étuves, et revenaient
ensuite aux bains chauds, de ceux-ci aux tièdes, et puis ensuite aux froids.

Ils appelaient *frigidarium* ou *cella frigidaria*, la salle où l'on prenait le bain froid[18], celle du milieu *tepidarium* ou
cella tepidaria[19], quelquefois *cella media*[20], car cette salle, où l'on prenait le bain tiède, tenait, par l'air tempéré qu'elle
contenait, le terme moyen entre le *frigidarium* et le *caldarium* ou *cella caldaria*, salle du bain chaud[21], qui elle-même servait de passage au *sudatorium*, lieu disposé pour favoriser la sueur[22] et attenant, lequel était le *laconicum* ou étuve. Ces
dernières salles étaient chauffées par l'*hypocauste* ou par des fourneaux, *propnigeum*[23]. Le *balneator*, ou la personne chargée
du détail des bains[24], avait sous ses ordres des esclaves publics attachés aux diverses salles pour le service des baigneurs.

[1] Ammien Marcellin, liv. xvi, chap. 57. — [2] Tite-Live, 36-15. — [3] Dion Cassius, liv. iv, p. 553. — [4] Plin., Epist. 4-8. — [5] Victor et Rufus. —
[6] Cic. Q. Fratr. 3-17. Plin., lib. v, epist. 6. — [7] Pignor. de Serv. 119. — [8] Vitruve. — [9] Plin., lib. ii, epist. 17. Mart., lib. vii, ep. 31. — [10] Pignor.
de Serv. 40. — [11] Cic. Fam. 1, 9-35. Juv. sat. 3, v. 76. — [12] Serv. in Virg. œn. 1-697. — [13] Juv., sat. iii, v. 263. — [14] Juv., sat. iii, v. 130. — [15] Cic.
Q. Fratr. 3-1. — [16] Plin., lib. ii, epist. 17. — [17] Plin., lib. iii, epist. 14. — [18] Cic. Q. Fratr. 3-1. — [19] Cic. Q. Fratr. 3-1. — [20] Selon Pline. —
[21] Cic. Q. Frat. 3-1. — [22] Senec. Epist. 52. Cic. Q. Fratr. 3-17. — [23] Plin., lib. ii, epist. 17. — [24] Cic. Cœl. xxvi, Phil. 13-12.

Leurs noms désignaient leur emploi ; les *fornacatores* chauffaient et entretenaient les bains [1], les *alipili* étaient destinés à épiler [2], les *tractatores* étaient chargés de frotter les muscles [3], usage encore en vogue chez les peuples orientaux ; plus tard cet emploi fut confié à des femmes [4], ainsi que celui d'épiler non-seulement les poils du visage et ceux des jambes, mais encore ceux des aisselles [5] : ces femmes prenaient alors le nom d'*ustriculæ* [6].

Le strigile était composé de deux parties, le manche et la languette, qui, courbée en demi-cercle, était creusée en forme de rigole à son extrémité, afin de former canal pour l'écoulement de l'eau et de la sueur : cet instrument était de corne [7], de cuivre [8], d'argent et même d'or [9] ; mais les plus estimés venaient de Pergame, ils étaient en fer [10], et servaient aux *alipili* pour racler la peau de ceux qui se baignaient, après leur avoir lavé le corps avec des éponges blanches ou frotté avec des linges appelés *lintea* [11]. Ils employaient également la pierre-ponce du mont Etna pour adoucir et unir la peau [12], et ensuite la résine ou le suc des végétaux pour rendre flexible l'épiderme desséché par la pierre-ponce [13]. Mais dès que le préteur Verrès eut introduit à Rome l'usage de se parfumer et de se couronner de roses, les Romains employèrent les huiles parfumées de la fleur appelée *cyprus*, qui fortifie les membres et mollifie toutes les parties du corps [14]. Poppée, femme de Néron, imagina une espèce de pommade, appelée depuis *poppœanum*, faite de lait d'ânesse, pour conserver la souplesse de la peau [15] : quelques hommes, à son exemple, se servaient de semblable pommade, entre autres Othon [16].

Comme se faire épiler dans les bains publics était la marque d'un caractère efféminé [17], quelques hommes employaient une composition pour faire disparaître des bras, des jambes, de la figure les poils qui y naissent [18] ; cet onguent ou pommade était appelé *psilothrum* ou *dropax* [19] : quelquefois ils se servaient de bandelettes enduites de gomme ou de résine de la forêt des Brutiens [20], ou brûlaient ces poils à la flamme des coquilles de noix [21], comme faisait Denis-le-Tyran [22].

Les bains qui furent premièrement inventés pour aider la digestion et conserver la santé, passèrent en délices et devinrent un objet de volupté. Long-temps l'usage fut de se baigner avant le souper [23], à la huitième heure en été, à la neuvième heure en hiver [24], et plus tôt les jours de fêtes [25] ; mais sur les derniers temps les Romains se baignaient jusqu'à sept fois par jour : aussi la santé en était-elle affaiblie [26]. Ceux pour qui la décence et l'honnêteté n'étaient point un frein, en sortant de table se jetaient dans le bain pour reprendre de l'appétit [27] ; mais cette coutume était regardée comme une marque d'intempérance [28]. Antonius Musa, médecin, ayant délivré Auguste d'une maladie grave par les bains froids, cet usage devint général [29] ; mais il fut de courte durée, et tomba dès qu'Antonius Musa eut fait périr Marcellus, par suite d'une fausse application de ce remède [30]. Pline le naturaliste avait coutume après s'être couché au soleil en été de se mettre dans un bain d'eau froide [31], de composer, de se faire lire ou de dicter ses œuvres pendant qu'il sortait du bain et qu'il se faisait essuyer, regardant comme perdu le temps qu'il n'employait point aux lettres [32]. Les hommes studieux en agissaient ainsi [33], tandis que de riches efféminés affichaient un luxe et une mollesse révoltante : ces derniers s'exposaient à la chaleur la plus intense de l'étuve, et, ainsi qu'Héliogabale, ne se baignaient jamais que l'eau n'eût pris la teinture du safran ou d'autres herbes plus précieuses, et livraient leur corps à la dextérité des pinces épilatoires, appelées *volsellæ* [34] ; craignant peu d'annoncer des mœurs dissolues, ils portaient une bague à chaque doigt [35], et mettaient tant de recherche dans le choix des bijoux, qu'ils avaient des bagues plus légères pour l'été et d'autres plus lourdes pour l'hiver [36], qu'ils quittaient toujours aux bains et donnaient avec ostentation aux esclaves [37].

Le son de la trompette annonçait l'ouverture des bains [38] ; alors les *balneatores*, ceux qui venaient prendre le bain [39], donnaient au *balneator* une faible rétribution, un *quadrans* [40] (*), et pouvaient alors à leur volonté se baigner dans chaque salle, après s'être livrés aux exercices variés du corps [41], dont la bonne disposition influe tant sur les opérations de l'esprit [42].

[1] Pignor. de Serv. 42. — [2] Pignor. de Serv. 42. — [3] Pignor. de Serv. 42. — [4] Mart., lib. III, ep. 82. — [5] Juv., sat. VIII, v. 16-114. Senec., epist. 54. — [6] Tertull. de Pall. 4. — [7] Suet., Ang. 80. — [8] Perse, sat. 5, v. 126. — [9] Horat., lib. II, sat. 7, v. 84. — [10] Mart., lib. XIV, ep. 51. — [11] Juv., sat. XI, v. 158. — [12] Juv., sat. VIII, v. 16. — [13] Plin. 34-21, S. 42. — [14] Selon Pline. — [15] Plin. 11-41-28-12, S. 50. Juv., sat. VI, v. 462. — [16] Juv., sat. II, v. 107. Suet., Oth. 12. — [17] Gell. 7-12. Juv., sat. XI, v. 157. — [18] Suet., Cœs. 45, Galb. 22. — [19] Mart., lib. IV, ep. 93. — [20] Juv., sat. IX, v. 14. — [21] Suet., Aug. 68. — [22] Cic. Tusc. 5-20, Off. 2-7. — [23] Plaut. Stich., v. 2-19. — [24] Plin., lib. III, epist. 1. Martial., lib. X, ep. 48. — [25] Juv., sat. XI, v. 205. — [26] Plut., Préceptes de santé. 8. — [27] Hor., lib. I, ep. 6, v. 62. — [28] Perse et Juvénal. — [29] Suet., Aug. 59-81. — [30] Dio, 43-40. — [31] Plin., lib. VI, epist. 16. — [32] Plin., lib. III, ep. 5. — [33] Suet., Aug. 85. — [34] Mart., lib. IX, ep. 28. — [35] Mart., lib. V, ep. 11, ep. 62. — [36] Juv., sat. I, v. 28. — [37] Terent. Heaut. 4-1-42. Ovid. Amor. 2-15-23. — [38] Mart., lib. 14, ep. 163. — [39] Horat., lib. I, sat. 2, v. 2. — [40] Horat., lib. I, sat. 3, v. 237. — Juv., sat. VI, v. 446. — [41] Horat., ep. 1-59. — [42] Plut., Préceptes de santé, 33.

(*) Selon l'opinion de Gassendi, l'*as* romain valait neuf deniers de notre monnaie (l'once d'argent était estimée de son temps soixante et dix sols) ; le denier romain valait dix *as*, c'est-à-dire sept sols six deniers de notre monnaie, le *sextertium* cent une livre dix sols (en 1769 l'once d'argent valait six livres et le marc cinquante livres) ; il est aisé de faire l'évaluation des monnaies romaines, en tout temps l'once d'argent étant la base fixe) : le quadrans étant la quatrième partie de l'as valait donc deux deniers et demi.

5

Le sphéristère *(sphæristerium)*, la palestre, l'éphébée *(ephebeum)*, et le xiste, étaient les lieux destinés à ces exercices gymnastiques, ainsi appelés parce que pour s'y livrer on quittait ses habits et l'on se mettait presque nu [1] : de-là on nommait gymnaste ou gymnasiarque celui qui présidait aux jeux [2], xistarque, la personne chargée seulement de surveiller les exercices du xiste [3]; de même ceux qui se livraient à ces jeux prenaient indistinctement le nom de *palæstrici* ou *xistici* [4], et *discoboli* lorsqu'ils lançaient le disque dans l'éphébée. Il y avait des professeurs, *exercitatores*, qui enseignaient ces exercices [5], dont l'ouverture avait lieu entre la huitième et neuvième heure [6]; les préteurs seuls, vu leur occupation publique, s'y rendaient à la dixième heure [7].

Dans les Thermes les Romains se livraient à tous les exercices du champ de Mars; ils faisaient voler dans la lice le disque de Sparte lourd et brillant [8], quelquefois ils fendaient l'air avec le palet, avec des boules de fer, de plomb ou de pierre, garnies d'une courroie [9], lançaient le léger javelot [10], exercice auquel les habitants de Silas étaient habiles [11], faisaient des courses à pied et à cheval [12], et s'exerçaient à la lutte ou à franchir un espace ou un cerceau [13]. Ceux qui se livraient à ce dernier exercice se chargeaient quelquefois la tête ou les épaules de poids assez lourds, pour mieux montrer leur force, ou portaient des chaussures de plomb, et prenaient dans leurs mains des masses pour former balanciers [14], et ainsi chargés s'élançaient à travers un grand cerceau de fer ou de cuivre, sans en toucher les bords, en jetant en même temps en l'air ces mêmes masses pour donner à leur corps plus d'élasticité [15].

A l'exemple des Lacédémoniens [16], ceux qui prenaient l'exercice de la lutte, après s'être fait frotter le corps d'une huile de peu de valeur [17] ou d'une espèce de cérat appelé *ceroma* [18], pour pouvoir se prendre plus facilement, se roulaient dans la poussière, ou se couvraient réciproquement d'un sable fin conservé dans le conistère, lieu destiné à cet usage [19]. Quelquefois même pour appesantir leurs mains, ils les accoutumaient à tenir de fortes masses de plomb dont le poids les tirait en bas, et dans la lutte devaient faire seulement usage de leurs bras [20]. La lutte prenait le nom de *pancratium* lorsque les athlètes, couchés par terre, se roulaient l'un sur l'autre et s'entrelaçaient de mille manières différentes [21]. Il était encore une infinité d'autres exercices auxquels les Romains se livraient; mais, accoutumés à la vie molle des Grecs, ils donnaient la préférence à la paume, trouvant cet exercice moins pénible [22]. Les uns, le bras garni de brassards, s'échauffaient avec l'exercice de la paume triagonale, *pila trigonalis*, ainsi appelée parce qu'elle se jouait à trois personnes placées en triangle [23]; d'autres, moins robustes, poussaient avec le poing le ballon gonflé de plumes, *follis pugillaris* ou *folliculus* [24]; tandis que ceux que l'ardeur du jeu empêchait d'en sentir la fatigue, s'arrachaient et lançaient avec vigueur la paume villageoise, *pila paganica* ou *harpastum*, jeu pénible et difficile vu la grosseur et la dureté de la balle [25].

Ceux qui ne se livraient point à ces différents amusements, se promenaient à l'ombre sous les plantations qui entouraient les bains proprement dits [26], sous les portiques, sous les galeries [27] et dans les bibliothèques [28], dans les *exèdres* ou salles de conversation, dans lesquelles les philosophes se rendaient pour enseigner leurs doctrines [29], les orateurs pour y lire à haute et intelligible voix, afin de s'exercer à parler en public [30], et les auteurs pour y réciter leurs ouvrages [31]; la voix retentissant plus agréablement dans un lieu renfermé [32]. Dans les mois de juillet et août surtout, époque où l'on était en pleine vacation [33], il était presque impossible d'éviter certains poètes fâcheux qui, bravant les rayons du soleil le plus ardent [34], fatiguaient vos oreilles de leurs œuvres importunes, et vous poursuivaient jusqu'au milieu des bains, ne considérant point s'il y avait du bon sens dans cette conduite [35].

Tant que la puissance des Romains fut dans sa splendeur, ce peuple entretint les Thermes et les mit en harmonie avec sa propre grandeur; mais après que la mollesse, plus cruelle que le glaive, eut détruit son courage et corrompu ses mœurs par le luxe le plus honteux [36], les Romains adoptèrent, avec la servitude, des usages étrangers et abandonnèrent ces vastes et somptueux édifices, où naguères ils entassaient les dépouilles de l'univers [37].

---

[1] Mart., lib. III, ep. 68. — [2] Diod., lib. IV-XXVII. — [3] Id. — [4] Pline, 23-75-63. — [5] Idem. — [6] Mart., lib. IV, ep. 8, lib. II, ep. 53, lib. IX, ep. 4 et 19, lib. XI, ep. 48. — [7] Macrob., lib. III, cap. 13. — [8] Mart., lib. XIV, ep. 164. — [9] Horat., lib. I, Ad. 8, v. 11. Horat., lib. II, sat. 2, v. 10. — [10] Juv., sat. 6, v. 246. — [11] Mart., lib. IV, ep. 55. — [12] Suet., Aug. 83. — [13] Mart., lib. XI, ep. 22. — [14] Hieronym. mer. de Arte gym., lib. II. — [15] Mart., lib. XI, ep. 22. Lucian. de Gym. — [16] Mart., lib. XI, ep. 48. — [17] Plin., lib. XV, cap. 4-7. Mart., lib. VII, ep. 31. — [18] Juv., sat. 6, vers 245. — [19] Ovid. Metam., 9-35. — [20] Quintilien, lib. XI, cap. 2. — [21] Hieronym. mer. de Art. gym., lib. II. — [22] Horat., lib. II, sat. 2, v. 11. — [23] Mart., lib. XIV, ep. 46. — [24] Mart., lib. XIV, ep. 47. — [25] Onomastiwy, lib. IX, cap. 7. Mart., lib. XIV, ep. 48. — [26] Mart., lib. II, ep. 48. — [27] Cic. Dom. 44. Juv., sat. IV, v. 5. — [28] Senec., de Tranquill. anim. 9. — [29] Suet., Aug. 85. — [30] Plin., epist. 9-36. — [31] Horat., lib. I, sat. 4, v. 74. — [32] Juv., sat. 1, v. 12. Suet., Aug. 89. Claud. 41. Domitien 2. — [33] Horat., lib. I, sat. 4, v. 74. — [34] Plin., lib. VIII, epist. 21. — [35] Juv., sat. 3, v. 9. — [36] Horat., lib. I, sat. 4, v. 76. — [37] Juv., sat. 6, v. 96. — [38] Histoire des Arts, Winckelman, t. II, p. 341.

THERMES D'ANTONIN CARACALLA

A ROME.

Au pied du mont Aventin, entre les murs de Rome et la voie Triomphale, existent encore les ruines de ces Thermes, qui étaient les plus grands de Rome, et qui formaient un des plus vastes et des plus magnifiques édifices de cette ville. Construits par l'empereur Antonin Caracalla dont ils prirent le nom, ils furent achevés dans la quatrième année de son règne, c'est-à-dire l'an 217 de l'ère chrétienne[1]. Selon Lampridius ces Thermes n'avaient pas de portiques. Héliogabale et Alexandre Sévère y en ajoutèrent dans la suite[2]. Caracalla fit aussi refaire la voie Appienne ou Triomphale, qui passe au-devant de l'édifice; cette voie prit alors le nom de voie Neuve[3]. Olimpiodore nous apprend qu'il y avait dans ces Thermes mille six cents siéges en marbre[4]. Élius Spartien nous donne une idée de leur étonnante magnificence, lorsqu'en parlant de la *Cella Solearis*, dont il donne la description, il dit qu'elle était construite d'une manière si extraordinaire, que les artistes de son temps, quoique d'un mérite très-distingué, ne concevaient pas le moyen de pouvoir l'imiter[5]. Cette magnificence nous est démontrée, non-seulement par les immenses ruines qu'on en retrouve présentement, et qui passent toute description, mais encore par les monuments de sculpture qui y ont été trouvés. Les plus remarquables sont l'Hercule de Glycon, le Torse antique, le Taureau dit Farnèse, la Flore, Atrée et Thieste, deux Gladiateurs, les deux Vasques de granit de la place Farnèse, diverses terres cuites, les deux belles urnes de basalte vert qui sont dans la cour du musée du Vatican, et une infinité d'autres sculptures, de médailles et de camées. La dernière colonne de granit de la grande salle du milieu a été enlevée à ces Thermes en 1564, par le duc Cosme de Médicis; elle est présentement sur la place de la Trinité à Florence[6].

Sébastien Serlio qui nous a donné le plan de ces Thermes, s'exprime ainsi : « De tous les Thermes « qui existent dans Rome, ceux d'Antonin me paraissent être les meilleurs; et quoique ceux de Dioclétien

---

[1] Antonius Caracalla Romæ Thermas suo nomine ædificavit A. D. 217, regni 4. (*Eusèbe.*)

[2] Opera publica ipsius pretio, ædem, etc., etc., et lavacrum, quod Antonius Caracalla dedicaverat, et lavando et populum admittendo. Sed porticus defuerant, quæ postea ab hoc subdititio Antonino exstructæ sunt, et ab Alexandro perfectæ. (*Lampridius*, c. 17.)

[3] Atque aucta urbs magno accessu viæ novæ, et ad lavandum absoluta opera pulchri cultus. (*Sextus Aurelius.*)

[4] Erant autem et lavacra publica ingentis magnitudinis, et quæ Antonianæ vocantur, in usum lavantium habebant sedilia mille et sexcenta a marmore polito fabricata. (*Olimpiodore.*)

[5] Opera Romæ reliquit Thermas nominis sui eximias, quarum Cellam Solearem architecti negant posse ulla imitatione, qua facta est, fieri : nam et ex ære vel cupro cancelli superpositi esse dicuntur, quibus cameratio tota concredita est, et tantum est spatium, ut id ipsum fieri negent potuisse docti mechanici. (*Spartien*, c. 9.) Ces antiquaires n'étant nullement d'accord sur la signification du nom de *Cella Solearis*, ni sur la place qu'elle occupait dans ces Thermes, je ne puis m'appuyer sur aucune certitude à cet égard. Toutefois j'en reparlerai dans mes descriptions, lorsqu'il s'agira des pièces qui par différents auteurs ont été diversement désignées pour être la *Cella Solearis*.

[6] Note de Nibby, 4ᵉ édition de Nardini, v. 3, p. 273 et 274.

6

« soient plus vastes ', je trouve que ceux-là sont mieux décorés, et que toutes leurs parties sont plus par-
« faitement arrangées par rapport les unes aux autres. »

Le travail de Palladio sur ces Thermes est encore ce qu'il y a de plus satisfaisant, quoiqu'il ne soit
pas exempt de quelques inexactitudes. C'est ce dont on peut se convaincre en comparant son plan avec
les ruines qui subsistent encore.

CONSTRUCTION.

La construction de ce monument est du genre appelé par les Grecs *emplecton*, et par les Italiens
laterizia. Elle se compose d'une maçonnerie en blocage revêtue de briques triangulaires, le tout relié par
des lignes d'autres grandes briques carrées de 600 millimètres, placées à 1340 millimètres l'une au-dessus
de l'autre, et traversant toute l'épaisseur des murs '. Ces mêmes murs sont enduits d'une et quelquefois
de deux couches de ciment, dans lequel on remarque quelques plaques de marbre, sur lesquelles étaient
appuyés les revêtements '. Ses voûtes sont construites en pierre-ponce, elles sont revêtues à l'intérieur
de briques carrées de 300 millimètres placées à plat. On observe encore dans quelques salles, que ces
briques sont recouvertes par un second rang de briques plus grandes posées de la même manière, et recouvertes d'une couche de ciment destinée à recevoir les stucs peints ou les mosaïques. Sur le blocage en
pierre-ponce qui forme la partie supérieure des voûtes, se trouve un enduit de ciment de 300 millimètres
d'épaisseur, dans lequel sont incrustées les mosaïques formant le pavement des terrasses qui couvraient une grande partie de cet édifice. La maçonnerie des canaux et des réservoirs qui fournissaient
de l'eau à ce monument, est faite à bain de mortier; l'intérieur en est recouvert d'une forte épaisseur
de ciment; tous les angles rentrants sont arrondis; leur fond est une surface courbe en tous sens plus
basse dans le milieu, et qui se raccorde avec les arrondissements le long des murs. Les pavements des
salles d'enceinte sont en marbre blanc, celui de la salle du milieu des Thermes en marbres de diverses
couleurs, leurs compartiments reposent sur un blocage en maçonnerie.

Les mosaïques qui forment le pavement des autres salles et des portiques, sont établies sur une construction qui se compose d'abord, d'une première couche de grandes briques posées sur un blocage; sur
ces briques s'élèvent de petits piliers carrés qui supportent un double rang de briques recouvert d'une
couche épaisse de ciment grossier, qui sert de base à un ciment plus fin, dans lequel sont incrustées les
mosaïques '. Bien que les cours ou péristyles, qui font partie de ce monument, se trouvent également
pavés de mosaïques, on observera cependant qu'elles portent sur un simple blocage.

' Sébastien Serlio est ici dans l'erreur, car les Thermes d'Antonin Caracalla occupent une plus grande superficie de terrain.
Si l'on veut avoir une idée comparative de l'immensité de ce monument, il faut consulter l'ouvrage de M. Rondelet, qui
donne le parallèle de ses dimensions superficielles, avec celles de l'Hôtel des Invalides à Paris, et d'autres monuments.
(Rondelet, liv. v, p. 218.)

' M. Rondelet donne un exemple de ces constructions, planche vii, fig. 9. L'explication se trouve au livre ii, p. 341 et 342.

' M. Rondelet donne des détails sur les enduits antiques, livre ii, p. 392 et suivantes.

' Voyez le plan et la coupe de ces constructions sur la feuille des détails des mosaïques.

DÉCORATION.

La façade du côté de l'entrée, et les deux façades latérales du monument principal, étant en partie cachées par les constructions qui se trouvaient en avant, et par les plantations qui les environnaient, elles étaient seulement revêtues d'un enduit de stuc dont l'épaisseur moyenne est de 60 millimètres. Sur la façade du côté du xyste, on retrouve encore de grandes parties de sa décoration qui se composait d'un enduit de stuc, dans lequel étaient incrustées des mosaïques de verre de diverses couleurs. Les stucs et les mosaïques forment ensemble une épaisseur de 80 millimètres. Les colonnes qui décoraient cette façade étaient en granit rouge : ce qui est prouvé par la quantité de fragments de colonnes qui dernièrement ont été trouvés par le propriétaire du terrain.

L'ensemble de la décoration intérieure du monument principal, se composait d'un revêtement de marbre, jusqu'à la hauteur de la naissance des voûtes. Les parties supérieures, ainsi que les voûtes elles-mêmes, étaient ornées de stucs et de mosaïques de verre de diverses couleurs; les colonnes, dont on a trouvé une grande quantité de fragments dans les dernières fouilles, étaient de granit rouge et gris, d'albâtre oriental, de porphyre et de jaune antique. Les revêtements étaient de porphyre rouge et vert, de serpentin vert, de vert africain, gris africain, jaune antique, de *porta santa*, de blanc veiné violet, appelé par les Italiens *pavonazzetto*, d'albâtre et de marbre blanc.

Les autorités dont je m'appuie pour restaurer les parties manquantes, sont le Panthéon pour la salle circulaire, les Thermes de Dioclétien pour les détails et la couverture de la salle du milieu, le temple de la Paix pour la décoration des voûtes d'arête et le pavement de cette même salle. Quant aux mosaïques de verre qui ornaient généralement les parties supérieures des salles, j'y ai appliqué les dessins des peintures des Bains de Titus. J'ai consulté aussi Palladio, et je l'ai suivi toutes les fois que j'ai pu concilier ses restaurations, avec les parties encore existantes du monument.

EXPLICATION

DE CHACUNE DES PARTIES DU MONUMENT,

SUIVANT L'ORDRE ALPHABÉTIQUE INDIQUÉ SUR LE PLAN GÉNÉRAL.

A. *Place* entre les Thermes et la voie Appienne ou Triomphale; cette voie, après avoir été refaite par Caracalla, prit le nom de voie Neuve. La voie moderne, qui passe probablement sur la voie antique, se trouve à 66 mètres de distance, parallèlement à la façade des Thermes.

B. *Salles de bains séparées* [1] à l'usage de ceux qui ne prenaient point part aux exercices : dans celle qui est désignée par un astérisque [2], il y a encore de l'eau. Les retraites en briques formant bassin, le ciment dont elles sont enduites, les petits canaux pour le passage des eaux, et le pavement des salles d'entrée qui se trouve en contre-haut du fond desdits bassins, prouvent bien clairement qu'elles servaient de salles de bain [3]. Il est probable qu'une partie de ces salles était destinée aux femmes, qui se baignaient dans des appartements séparés de ceux des hommes [3]. Ces salles sont enduites d'un stuc blanc de 30 millimètres, sans peintures; peut-être y en avait-il aux voûtes, mais elles sont tellement détériorées par la filtration des eaux, qu'il est impossible de s'en assurer. Comme il y avait deux étages, ainsi qu'on peut s'en convaincre par la coupe (planche VIII) et la façade du même côté, je suppose qu'une partie du second étage servait encore de bains, et que l'autre était destinée à loger les employés, qui nécessairement devaient être en grand nombre pour le service d'un monument aussi considérable.

C. *Antisalles* dans lesquelles on se déshabillait : elles étaient ornées de stucs peints; on en retrouve encore quelques parties. Une fouille ordonnée par l'Académie de France a fait connaître le pavement de ces salles et celui des portiques : il était formé de briques sur champ posées en onglet. On y a trouvé également un des piliers de ces salles, ainsi qu'un indice peu apparent d'un pilier du portique extérieur [4].

D. *Petit escalier* montant au second ordre des bains : on trouve à mi-étage des restes de construction, qui semblent indiquer qu'il y existait des chaudières, pour faire chauffer l'eau des bains.

E. *Grand escalier* par lequel on arrivait au sol principal des Thermes et au second étage des bains : à celui du milieu on voit encore des arrachements des voûtes rampantes.

F. *Plantations de platanes* et autres arbres [5] : elles devaient être ornées de bancs, pour la conversation ou l'étude, et de fontaines jaillissantes pour rafraîchir l'air [1].

G. EXÈDRE, où s'assemblaient les philosophes, les rhéteurs et autres savants [2]. Au-devant de ces exèdres, *Piranesi* indique dans son plan un portique continu : s'il y en avait eu un, on retrouverait encore dans le mur existant quelques attaches de ce portique, et le sol dans cette partie aurait été surhaussé par les décombres. On voit, au contraire, que le sol n'a pas changé de hauteur, puisqu'à un pied sous terre on trouve le blocage supérieur des voûtes des constructions souterraines, dans les parties où existent encore lesdites constructions [3]. A propos de ces constructions souterraines, j'observerai que des auteurs modernes ayant vu quelques-unes des ouvertures supérieures par lesquelles elles recevaient la lumière, ont supposé qu'il existait sous la totalité des Thermes un étage inférieur qui, suivant eux, était destiné aux bains du peuple [4]; on peut voir cependant par le plan que je donne [5] de ces constructions souterraines, qu'elles ne s'étendent pas autant que ces auteurs l'ont prétendu, et qu'elles ne sont autre chose que de grandes galeries ou substructions pour établir le terrain de niveau; peut-être aussi ces galeries servaient-elles de promenoirs pour prendre le frais.

Les carrés indiqués par des *h* dans le plan général, sont les ouvertures par lesquelles les galeries recevaient la lumière; j'ai aussi indiqué de semblables ouvertures en avant du monument principal, d'après l'observation du propriétaire de cette partie de terrain, qui dit avoir vu il y a quelques années, une excavation qui lui a fait découvrir de semblables galeries.

H. HYPAETHRUM. Promenoir découvert [6].

I. *Vestibule.*

i. *Escalier* montant au sol principal des Thermes.

J. *Salle* pour les discussions académiques : le revêtement à l'intérieur était de marbre dans les parties basses; les parties supérieures étaient ornées de stucs; le pavement était en marbre blanc comme celui des palestres.

K. PALESTRE, lieu découvert où l'on s'exerçait aux jeux gymnastiques [5]. Ces parties, qui correspondent aux portiques désignés par Vitruve, dans la description qu'il donne des gymnases des Grecs,

---

[1] Suivant l'opinion de Cameron.

[2] Voyez la coupe générale, planche VIII.

[3] — Item primum balneum, nomen et græcum; introïit in urbem ubi bina essent « conjuncta ædificia lavandi causa, unum ubi viri, alterum ubi mulieres lavarentur. » *Varron.* Il ne paraît pas qu'avant le règne de Domitien les femmes aient été accoutumées de prendre le bain avec les hommes; mais il semble que cette coutume a été généralement reçue depuis ce temps-là, jusqu'au règne d'Adrien, qu'on prétend avoir défendu cette indécence, comme le fit depuis Marc-Aurèle; et quoique *Héliogabale* l'ait tolérée, Alexandre Sévère publia dans la suite des édits pour l'abolir. (Extrait de Cameron.)

[4] Je ferai observer qu'à 8 pouces au-dessous du pavement du portique on a trouvé l'eau, ce qui m'a empêché de pousser plus loin mes recherches.

---

[1] Ouvrage sur les bains de Titus, v. 1, p. 51.

[2] Vitruve, liv. v, ch. 11.

[3] Voyez la coupe générale, planche VIII, et le plan des constructions souterraines, planche XIII.

[4] Voyez Piranesi.

[5] Voyez le plan des constructions souterraines, planche XIII. La raison pour laquelle les auteurs modernes ne donnent pas de détails plus exacts sur les souterrains, est probablement la grande difficulté que l'on éprouve à y pénétrer; elle est telle que dans plusieurs endroits il n'y a qu'un pied et demi de passage entre les voûtes et la terre, qui s'est amoncelée dans les galeries par les ouvertures qui servaient à les éclairer.

[6] Pline.

devaient se trouver autour du xyste[1]. Il existe encore en place des arrachements des petits entablements du petit ordre dont les niches étaient décorées[2]. Ces palestres étaient revêtues de marbre jusqu'à la hauteur de la naissance des arcs des grandes niches du milieu ; car dans ces mêmes niches on retrouve encore l'enduit sur lequel sont les empreintes des revêtements ; les parties supérieures étaient ornées de mosaïques de verre ; le pavement se composait de grandes dalles de marbre blanc de 12 centimètres d'épaisseur ; on en a acquis la preuve par les fouilles qui y ont été faites dernièrement. Le devant de deux de ces palestres était orné d'un simple rang de colonnes de granit rouge ; les colonnes des deux autres étaient de granit gris : on en a retrouvé plusieurs fragments dans la terre.

k. *Escalier* pour descendre dans les constructions souterraines et pour monter aux terrasses supérieures.

L. ACADÉMIE[3]. Ces salles étaient ornées de stucs comme celles qu'on a décrites à la lettre J.

M. *Portique* sous lequel se promenaient les directeurs des exercices, sans être exposés au bruit des palestres[4]. Les colonnes engagées qui ornent ces portiques à leur extérieur sont en briques revêtues de stuc, comme le reste de la construction ; les bases étaient de marbre blanc ainsi que le pavement du portique ; ce qui a été prouvé par les fouilles qu'avait ordonnées l'Académie.

N. ANDRON. Espace étroit et découvert[5] ; le pavement est en travestin.

n. *Escalier* pour descendre dans les constructions souterraines.

y. *Escalier* par lequel on arrivait sur la partie supérieure du mont Aventin.

z. CONISTERIUM, pièce où l'on gardait le sable pour les lutteurs[6].

O. *Salle* à deux étages à l'usage de ceux qui avaient soin des bains[7] ; dans les épaisseurs des murs se trouvent des escaliers pour monter à l'étage supérieur.

P. *Salle découverte* à l'usage de ceux qui s'exerçaient dans le xyste[8] ; on y trouve un escalier pour monter sur les terrasses des réservoirs.

Q. XYSTE, lieu découvert pour les exercices : il était couvert chez les Grecs et découvert chez les Romains[9]. Il y avait des plantations de platanes et d'autres arbres, sous lesquels se trouvaient des bancs[10]. J'observerai ici que Piranesi suppose qu'il a existé des portiques dans cette partie ; comme je l'ai déjà fait remarquer, s'il y en avait eu, les décombres formés par les ruines de ces portiques, auraient fait surhausser le terrain, ainsi qu'on le voit dans les lieux où il a existé des constructions ; or il est clair que dans cette partie le terrain n'a pas changé de niveau[11].

R. *Gradins* sur lesquels se plaçait un grand nombre de spectateurs pour voir les combats des lutteurs et les autres exercices du xyste[12] ;

[1] Vitruve, liv. v, chap. 11.
[2] Voyez la coupe générale, planche XI.
[3] Cameron.
[4] Cameron.
[5] Pline.
[6] Vitruve, liv. v, chap. 11.
[7] Cameron.
[8] Cameron.
[9] Il suffit de lire la description des gymnases des Grecs par Vitruve, pour être convaincu que le xyste, chez les Romains, était un espace découvert et planté d'arbres ; il s'exprime ainsi : « En dehors du gymnase on construit à droite et à gauche « des portiques pour les lutteurs » ; plus loin il ajoute : « Entre les deux portiques « on plante des platanes et autres arbres, de manière à laisser des promenoirs décou- « verts, que les Grecs appellent *péidromides*, car nous nommons *xystes* : c'est « là que les athlètes vont s'exercer même pendant l'hiver quand il fait beau. » Vitruve, liv. v, chap. 11.
[10] Vitruve, liv. v, chap. 11.
[11] Voyez la coupe générale, planche VIII.
[12] Au-delà du xyste on construit des gradins, sur lesquels pouvait se placer un « grand nombre de spectateurs pour voir à leur aise les combats des *athlètes*. » Vitruve, liv. v, chap. 11.

on retrouve encore des arrachements de la voûte qui portait les gradins, et une portion du cercle qui termine ces mêmes gradins[1].

S. *Réservoirs* à deux étages ; ils sont exécutés comme toutes les constructions antiques de ce genre. Cameron, dans son ouvrage, rapporte une planche de Piranesi représentant les réservoirs des Thermes d'Antonin, ainsi que les fourneaux pratiqués au-dessous, lesquels, suivant lui, servaient à chauffer l'eau de ces mêmes réservoirs[2]. Je ne sais si Piranesi a vu les constructions dont il donne les dessins, ou s'il y a seulement appliqué les *hypocaustes* romains trouvés dans d'autres endroits : dans ce dernier cas, on pourrait croire ce moyen insuffisant pour chauffer des masses d'eau aussi considérables. Il prétend que l'eau contenue dans l'étage supérieur était échauffée par le soleil, qu'ensuite elle passait dans l'étage inférieur, où elle recevait, par le moyen des fourneaux qui étaient au-dessous, la chaleur nécessaire, et que de là elle se rendait dans les Thermes par des canaux souterrains : outre que l'eau se serait refroidie en parcourant dans les canaux un aussi grand espace, on reconnaît par l'inspection des lieux, que les émissaires par lesquels l'eau sortait des réservoirs partent de l'étage supérieur et non de l'étage inférieur, comme il l'indique.

T. *Aqueduc* qui amenait aux Thermes une partie de l'eau *Marcia*, en passant sur le monument connu sous le nom d'*arc de Drusus*[3].

U. *Citerne* à deux étages dans laquelle débouchait l'eau de l'aqueduc.

V. *Canal* qui conduisait l'eau de la citerne dans les réservoirs.

v. *Bouches* par lesquelles l'eau entrait dans les réservoirs.

x. EMISSARIUM, par lequel l'eau sortait des réservoirs pour se rendre dans les Thermes en passant par des canaux souterrains.

X. *Entrées principales*. Chacune de ces entrées était ornée de deux colonnes qui portaient un entablement dont on retrouve des fragments en place.

Y. *Vestibules* dépendant du *frigidarium* : dans l'un était une statue d'Esculape, dans l'autre celle de la déesse de la santé[4]. Le pavement était en mosaïques, et les murs étaient revêtus de marbre[5].

Z. APODYTERIUM, salles dans lesquelles on déposait ses vêtements entre les mains d'esclaves nommés *capsarii*, qui étaient chargés de la garde des habits[6]. Suivant les auteurs qui parlent des Thermes, ces salles devaient être près de l'entrée. Celles-ci, qui se trouvent à proximité des vestibules du *frigidarium* et de ceux des *péristyles*, me semblent convenablement placées pour l'usage désigné : elles sont décorées de stucs et de mosaïques.

AA. *Salles* dans lesquelles on déposait les vêtements. Toutes ces pièces, ainsi que les éléothèses et les conistères, étaient ornées de stucs et de mosaïques.

a. *Escaliers* par lesquels on montait au second étage, où je suppose qu'étaient logés les gens de service, et qui conduisaient aussi aux terrasses supérieures.

BB. ELAEOTESIUM ou onctuaire, chambres dans lesquelles on entrait après s'être déshabillé, pour s'oindre le corps d'une huile grossière (vilissimum), avant de se baigner ou de commencer les exercices[7].

CC. CONISTERIUM, pièces dans lesquelles l'on gardait le sable dont se servaient les lutteurs pour s'essuyer. Ils s'en servaient aussi

[1] Voyez le plan, planche III, et la coupe, planche VIII.
[2] Voyez la planche de Piranesi rapportée par Cameron, et toutes les observations du même auteur à ce sujet.
[3] Voyez un plan général des aqueducs de Rome, par M. Rondelet, dans ses Commentaires de *Frontin*.
[4] Lucien, Description des bains d'Hippias, rapportée par Cameron.
[5] Voyez le plan des fouilles, planche IV et les notes.
[6] Pignor. de Serv., 119.
[7] In gymnasiis quoque conditur odoribus, sed vilissimis : usum olei ad luxuriam vertere Græcos, vitiorum omnium genitores, in gymnasiis publicando. Plinii Hist., lib. xv, ch. 7 et 4.

pour en couvrir leurs adversaires, afin de pouvoir les saisir plus aisément[1].

DD. *Salles* destinées à la conversation[2]; le pavement est en mosaïques[3], et le revêtement, dont on a trouvé des fragments en place, était en albâtre oriental rose.

d. *Escaliers* pour monter sur les terrasses supérieures : un de ces escaliers existe encore et sert maintenant à monter sur les ruines.

EE. FRIGIDARIUM, bain froid, ou *piscine*. Originairement c'étaient des pièces destinées à contenir les poissons ; ensuite on a appelé piscines tous les bassins dans lesquels on pouvait se baigner, et se livrer à l'exercice de la natation[4]. Les découvertes faites par les dernières fouilles[5] ont levé tous les doutes sur l'usage positif de cette partie, qui était destinée à prendre le bain froid. Comme on y a trouvé des fragments de barrière en marbre, je suppose qu'elles étaient placées aux extrémités du bassin, et qu'elles servaient aux spectateurs pour s'y appuyer, et voir les exercices de la natation[6]. Cette piscine était découverte et ornée à ses extrémités de colonnes d'albâtre oriental, dont on a trouvé des fragments. Huit grandes colonnes, que je suppose avoir été de granit, et dont on retrouve encore les attaches des entablements qui les couronnaient, servaient à la décorer. Le mur de face à l'intérieur était orné de deux ordres de niches et de colonnes, qui ensemble formaient la hauteur du grand ordre : l'ensemble était revêtu de marbre. Le fond du bassin est construit suivant la méthode qu'employaient les anciens pour les lieux destinés à contenir de l'eau[7]; les bords étaient revêtus de marbres posés sur une double couche de ciment. Il est probable que les auteurs modernes qui ont désigné cette piscine comme étant la *Cella Solearis*, se sont trompés ; car, comme on peut s'en convaincre, en examinant les coupes passant par les deux axes de cette piscine, on ne remarque aucunes traces des scellements qu'on devrait encore y trouver, s'il y avait existé une couverture en bronze comme l'indique Spartien[8]. On acquiert la certitude que cette partie était découverte, en examinant d'abord sa construction, et ensuite en comparant le plan avec ceux des Thermes de Titus et de Dioclétien. Dans ces derniers Thermes les lieux destinés à l'usage dont nous parlons, n'avaient d'une telle dimension, qu'on ne peut concevoir le moyen qu'on eût employé pour les couvrir.

FF. CELLA TEPIDARIA, ou *sphéristère*. Après s'être déshabillé et oint le corps dans l'*apodytère*, on entrait dans le *sphéristère*, qui lui était contigu, et dans lequel, à cause des différents cercles qu'il contenait, on pouvait s'exercer à différentes sortes de jeux[9]. Quand la situation du lieu le permettait, le *sphéristère* recevait la chaleur du soleil, autrement il était échauffé par l'*hypocauste*, qui était pratiqué au-dessous[10]. Lucien en parlant du sphéristère, qu'il cite comme la plus belle de toutes les salles, dit qu'il était situé entre le bain froid et le bain chaud[11]. Le *tépidaire*, selon les histo-

riens, joignait le *frigidaire* au *calidaire ;* c'est pour cela que Pline l'appelle *cella media.* Galien lui donne le même nom, et prétend qu'elle devait être appelée ainsi, à cause de sa chaleur modérée ; « car, dit-il, la chaleur de cette salle tenait le terme moyen entre « celle du *frigidaire* et celle du *calidaire* »[1].

D'après toutes ces autorités, j'ai été porté à conclure que le *sphéristère* était aussi le *tépidaire*, et que la salle du milieu des Thermes réunissait toutes les conditions exigées par les différents auteurs. Elle est la plus belle et la plus grande, et par conséquent propre à tous les exercices[2]; elle se trouve entre le *frigidaire* et la salle ronde, qui est le *calidaire*[3] (comme on le verra par la suite) par sa disposition ; elle est susceptible de recevoir la chaleur du soleil, comme aussi des *hypocaustes*[4], qui existaient sous les salles des extrémités. Elle était décorée de huit grandes colonnes de porphyre[5]; les plaques de porphyre qu'on retrouva encore en place, démontrent que son revêtement était en partie de cette matière. Les parties supérieures ainsi que les voûtes étaient ornées de stucs et de mosaïques[6]; son pavement était formé de compartiments de marbres de diverses couleurs, qui posaient sur un blocage en maçonnerie[7] et[8].

GG. TEPIDARIUM, bains d'eau tiède[9]: sur le devant de ces bains se trouvent des barrières contre lesquelles s'appuyaient les spectateurs.

HH. *Salles* pour les spectateurs et les lutteurs[10]; au-dessous de chacune de ces salles était un *hypocauste*[11], dont l'effet était d'échauffer l'air de ces salles et du *sphéristère*, quand la chaleur du soleil n'y suffisait pas. Je suppose que les deux grandes baignoires de granit qui sont actuellement sur la place Farnèse étaient placées au milieu, pour la commodité de ceux qui ne voulaient pas se baigner en commun, dans les bains tièdes du *sphéristère*. Les murs de ces salles étaient revêtus de marbre jusqu'à la naissance des voûtes. On remarque sur les enduits qui recevaient le revêtement, l'empreinte de petits pilastres qui en formaient la décoration, et dont il reste des fragments : on retrouve aussi en place des restes de mosaïques de verre qui ornaient les parties supérieures : le pavement était en mosaïques.

[1] Auprès de la salle dans laquelle on s'habillait on doit placer le conistère, où se garde le sable à l'usage des lutteurs. Vitruve, lib. v et xi.
[2] Suivant Cameron.
[3] Voyez les fouilles, planche IV.
[4] Suivant Choul.
[5] Voyez le plan et les coupes de ces fouilles, planche IV.
[6] Vitruve, liv. v, chap. 10.
[7] Voyez l'article Construction.
[8] Je pense qu'il a voulu parler de la couverture en bronze, ainsi que l'ont supposé certains auteurs modernes, malgré cela d'autres aient cru qu'il a voulu indiquer par-là non la couverture de la salle, mais bien le pavement qui couvrait l'hypocauste.
[9] Non longius apodyterio superpositum est sphaeristerium, quod plura genera exercitationis pluresque circulos capit. Plin., lib. 1, epist. 101.
[10] Nec procul sphaeristerium, quod calidissimo soli, inclinato jam die, occurrit. Plin., lib. 1, epist. 41.
[11] Cette salle est plus belle qu'aucune de celles dont j'ai déjà fait mention, car on

y voit briller, même à son plafond, le marbre de *Phrygie.* On y trouve des bancs pour se reposer, et sa dimension est assez spacieuse pour qu'on puisse s'y promener et y prendre de l'exercice. (Extrait de la description des bains d'Hippias, faite par Lucien et rapportée par Cameron.)
[1] Cameron.
[2] Lucien.
[3] Pline et Galen.
[4] Pline.
[5] Voyez les fouilles, planche IV.
[6] Voyez les coupes générales, planches VIII et XI.
[7] Voyez les fouilles, planche IV.
[8] Comme les grandes ouvertures par lesquelles ces salles recevaient la lumière ne semblent pas admettre la possibilité apparente d'y conserver la chaleur, il n'est pas inutile de rappeler avec Pline, dans sa description du *Laurentum*, prouve que les anciens connaissaient l'emploi des vitraux ; car il dit que l'atrium de sa maison était clos par un vitrage. La peinture antique représentant les bains de *Faustina*, rapportée par Vinkelman, dans ses Monuments inédits, en est une seconde preuve. J'ajouterai de plus qu'en 1824, me trouvant à Pompeia, lorsqu'on y découvrit les bains, j'ai vu en place à une croisée d'une assez grande dimension, et dont le châssis était en bronze, de grands morceaux de vitraux en verre coulé comme sont aujourd'hui nos glaces.
[9] Il est incontestable que ces parties étaient des bains, ce dont on peut s'assurer par l'inspection du plan et des coupes des fouilles.
[10] Suivant Cameron.
[11] Voyez les fouilles, planche IV. L'hypocauste était une construction de petits piliers en brique qui supportaient les planchers inférieurs des salles ; il était ainsi construit pour que la chaleur du feu qu'on y faisait dans les intervalles des petits piliers, pût se communiquer à la salle en passant par des tuyaux de chaleur placés le long des murs. Vitruve, liv. v, ch. 10. Voyez une description du *calidarium* des bains de Titus, rapportée par Cameron, ainsi qu'un *hypocauste* romain tiré de Piranesi. Voyez aussi le détail de ces constructions sur la feuille des mosaïques, planche XIII.

II. TEPIDARIUM, par lequel on passait pour aller au *calidaire*. Il devait exister dans cette salle deux baignoires assez spacieuses pour qu'on pût y nager[1]. Au-dessous il y avait un *hypocauste*[2]. Comme cette salle est presque entièrement ruinée, on ne peut se former aucune idée de sa décoration. Toutefois on retrouve la place et la hauteur des colonnes d'angle qui portaient les voûtes d'arête, ainsi que l'arrachement de cette même voûte : cette partie, et ce qui reste en place, prouve clairement qu'elle ne peut pas avoir existé comme Palladio l'a indiqué[3].

JJ. CALDARIUM, bain chaud. Après avoir pris dans le *sphéristère* autant d'exercice qu'on le jugeait à propos, on passait dans le bain chaud qui était contigu[4], on s'y asseyait sur un gradin qui était sous l'eau, et l'on se lavait[5]. Selon Pline, cette salle sortait de l'alignement des autres; elle était divisée en bains chauffés à différents degrés. Comme celle-ci par sa disposition se trouvait exposée au soleil pendant une grande partie de la journée, elle en recevait beaucoup de chaleur par le moyen des grandes ouvertures vitrées dont elle était environnée; l'*hypocauste* qui était au-dessous servait à l'échauffer encore davantage, et à augmenter la température au degré convenable à sa destination[6]. Il y avait aussi un *laconique* ou fourneau en forme de poële, au milieu duquel était suspendue une espèce[7] de bouclier qu'on haussait ou baissait, afin de laisser échapper de l'*hypocauste* plus ou moins de chaleur suivant le besoin qu'on en avait[8]; on y trouvait aussi des gradins sur lesquels se plaçaient ceux qui prenaient le bain de vapeur[9]: le bain commun était entouré d'une barrière contre laquelle on s'appuyait[10]. A la suite d'une fouille ordonnée par l'Académie royale de France, on a découvert un troisième pilier de cette salle, ainsi que les attaches, quoique très-informes, de la salle qui la précédait. Le long de ce troisième pilier, et à l'intérieur de la salle ronde, étaient adossés des conduits de chaleur venant de l'*hypocauste*, ainsi qu'on le remarque dans tous les bains chauds des Romains[11]. Bien que cette salle soit entièrement ruinée, et qu'il n'existe plus aucune partie de son revêtement, cependant on retrouve encore les arrachements des grandes ouvertures, dont j'ai parlé plus haut, et la naissance de la voûte supérieure[12].

j. *Escaliers* pour monter aux tribunes de la salle ci-dessus décrite, et sur les terrasses qui couvraient une grande partie de l'édifice.

KK. TEPIDARIUM.   } Ceux qui en sortant du bain chaud
LL. CELLA FRIGIDARIA. } ne voulaient pas retourner par le *sphé-*
ristère passaient par ces deux salles, arrivaient insensiblement à la température de l'air extérieur, et se rendaient à l'*apodytère*[13], en passant sous les portiques du péristyle. Je suppose que ces salles servaient aussi de bains pour ceux qui s'exerçaient dans le xiste.

MM. Salles pour les exercices.

NN. Bains froids, appelés par les Grecs *lutron*[1]. D'après les fouilles exécutées par l'Académie de France, on voit que ces salles étaient pavées en mosaïques : on ne retrouve aucun indice de leur décoration intérieure.

OO. *Portiques*. On a trouvé dans les fouilles une grande quantité de fragments de colonnes de granit, des chapiteaux et des entablements qui formaient la décoration de ces portiques; ils étaient ornés en outre d'un soubassement en marbre et d'un bas-relief qui régnait autour[2] : les autres parties avaient des stucs peints et des mosaïques. On remarquera que, d'après les fouilles faites dans les angles de ces portiques, on a la certitude que les pieds-droits n'y existaient pas, comme l'a indiqué Palladio.

PP. EXÈDRES. Ils devaient être sous les portiques simples : il y avait des bancs pour les philosophes, les rhéteurs et autres savants[3]. Les pavements sont en mosaïques qui représentent des figures d'athlètes, d'acteurs, ainsi que des instruments pour différents exercices. J'ai indiqué dans les coupes une décoration en petits pilastres : on en retrouve l'empreinte dans les enduits, ainsi que quelques fragments en place[4] : ce qui prouve que ces exèdres étaient revêtus de marbre jusqu'à la naissance des voûtes. On voit aussi dans ces voûtes de petites portions de mosaïques de verre qui en formaient la décoration. On a trouvé encore des fragments de colonnes de jaune antique, qui décoraient ces exèdres du côté des portiques.

QQ. TEPIDARIUM, par lequel on passait aux étuves ou bains chauds.

RR. SUDATORIUM, ou bain chaud : il devait être à l'angle du péristyle[5]. Il y avait d'un côté le *laconique*, dont j'ai décrit l'usage, de l'autre se trouvait le bain chaud[6]: dans une de ces salles on a trouvé tout ce qui a rapport à l'usage auquel elles étaient destinées, et on y voit la construction de l'hypocauste parfaitement conservée[7]. On a retrouvé également dans les grandes croisées dont elles étaient éclairées, les attaches des châssis de bronze qui probablement recevaient les vitraux. Ces salles étaient revêtues de marbre[8]; les parties supérieures ainsi que les voûtes étaient décorées de mosaïques.

SS. *Réservoirs*. Ils sont à deux étages : il est probable qu'une partie de l'eau des grands réservoirs était amenée dans ceux-ci par des canaux souterrains, et de-là répartie dans les bains[9].

TT. *Cour* pour le service des bains. Comme il est impossible de bien se rendre compte des constructions qu'on y a découvertes[10] à la suite des fouilles, je suppose que ces constructions servaient à faire chauffer l'eau, que l'on distribuait ensuite dans les bains chauds et tièdes qui sont à proximité. On trouve dans ces cours de petites portes basses par lesquelles on entrait sous les pa-

---

[1] Pline le jeune, liv. II, ép. 17.
[2] Voyez le plan des fouilles, planche IV.
[3] Voyez le plan des fouilles, planche IV, et la coupe générale, planche VIII.
[4] Cameron.
[5] Tum in solio desidendum est. Celsus, cap. 17.
[6] Vitruve, liv. v, chap. 10.
[7] Voyez la peinture des bains de Titus, rapportée par Cameron.
[8] Vitruve, liv. v, chap. 10. Cette salle étant d'une très-grande dimension, on peut présumer qu'il devait y avoir plusieurs de ces fourneaux.
[9] Peinture des bains de Titus.
[10] Vitruve.
[11] D'après l'existence de ces tuyaux de chaleur, on doit conclure que cette salle était le bain chaud, et que les grandes ouvertures devaient être nécessairement fermées par des vitraux; autrement il eût été impossible d'y conserver la chaleur.
[12] Voyez la coupe, planche VIII. Quelques auteurs modernes ont désigné cette salle comme étant la *Cella Solearis*, dont parle Spartien. Si ces mêmes auteurs ne se trompent pas dans leur désignation, il est clair que la description de l'auteur latin ne peut s'appliquer à sa couverture, puisqu'on y trouve les preuves qu'elle était voûtée en blocage de pierre-ponce.
[13] «Après avoir pris le bain chaud, il n'est pas nécessaire de repasser par où l'on est venu : on peut retourner au bain froid par un chemin plus court». Lucien, cité par Cameron.

[1] Dans le retour du portique est le bain d'eau froide, appelé par les Grecs *lutron*. Vitruve, liv. v, chap. 11. J'observerai que les salles AA et BB étaient découvertes, car on ne remarque dans leur construction aucun indice de voûte ni de toute autre couverture. (Voyez la façade, planche VI.)
[2] Voyez la coupe générale, planche XI, dans laquelle sont indiqués les trous des crampons de bronze qui soutenaient le bas-relief. Piranesi dit que, de son temps, il en existait encore des fragments en place.
[3] Vitruve, liv. v, chap. 11.
[4] Voyez la coupe générale, planche XI.
[5] Dans le coin du portique et à côté du frigidaire, on bâtit la chambre voûtée pour suer. Vitruve, liv. v, chap. 11.
[6] Vitruve, liv. v, chap. 11. Voyez aussi la peinture des bains de Titus.
[7] Voyez le plan et les coupes des fouilles, planche IV, ainsi que le détail des constructions qui existent sous les mosaïques, planche XIII.
[8] Voyez les fouilles et les notes y jointes, planche IV.
[9] Voyez le plan et les coupes des fouilles, planche IV.
[10] Voyez les fouilles, planche IV.

vements de mosaïques pour faire le feu dans les hypocaustes.

UU. PÉRISTYLE. Il devait être environné de quatre portiques, trois desquels sont à un simple rang de colonnes ; le quatrième devait en avoir deux [1]. Les mosaïques du pavement de ces cours reposent sur un blocage de maçonnerie [2].

VV. EPHEBEUM. Il était placé au centre du portique double, et il devait y avoir des bancs [3]. Suivant Cameron, c'étaient des salles dans lesquelles s'exerçaient les apprentis en gymnastique, et suivant Palladio, c'étaient des écoles pour l'instruction de la jeunesse : elles étaient pavées en mosaïques et décorées de colonnes et de revêtements en marbre ; les parties supérieures ainsi que les voûtes étaient ornées de stucs peints et de mosaïques [4].

XX. *Entrée latérale.*

YY. *Vestibule.* Les bibliothèques étaient de chaque côté [5]. Ces salles étaient ornées de colonnes d'albâtre ; elles étaient enduites de stuc ; le soubassement seulement était revêtu de marbre, et le pavement était en mosaïques [6].

[1] Vitruve, liv. v, chap. 11.
[2] Voyez les fouilles, planche IV, et la coupe générale, planche IX.
[3] Vitruve, liv. v, chap. 11.
[4] Voyez les fouilles, planche IV, et les coupes.
[5] Je ferai observer que à huit pouces au-dessous du pavement du portique on a trouvé l'eau, ce qui m'a empêché de pousser plus loin mes recherches.
[6] Voyez le plan des fouilles, planche IV, et les notes en renvoi.

m. *Substructions du mont Aventin.* Au-dessus de cette partie du mont on retrouve les restes de l'enceinte de Rome construite sous le règne de Servius Tullius [1].

h. Ouvertures par lesquelles les constructions souterraines recevaient la lumière : elles étaient probablement fermées par des grilles de marbre ou de bronze.

f. Fouilles ordonnées par l'Académie de France : elles ont fait connaître les différents sols et pavements indiqués dans ces parties.

OBSERVATIONS GÉNÉRALES.

Les fouilles que l'Académie royale de France a fait exécuter dans les parties de l'enceinte du monument principal, sont indiquées par la lettre *f* : elles ont fait connaître les différents sols et les pavements.

Ce qui existe des parties de cette enceinte, est indiqué par une teinte noire.

Les parties restaurées sont indiquées par une teinte grise.

Pour connaître ce qui existe du monument principal, voyez le plan de l'état actuel, planche IV.

[1] Nibby, ouvrage sur les murs de Rome.
[2] Voyez le plan général, planche III.

THERMES
D'ANTONIN
CARACALLA
A
ROME

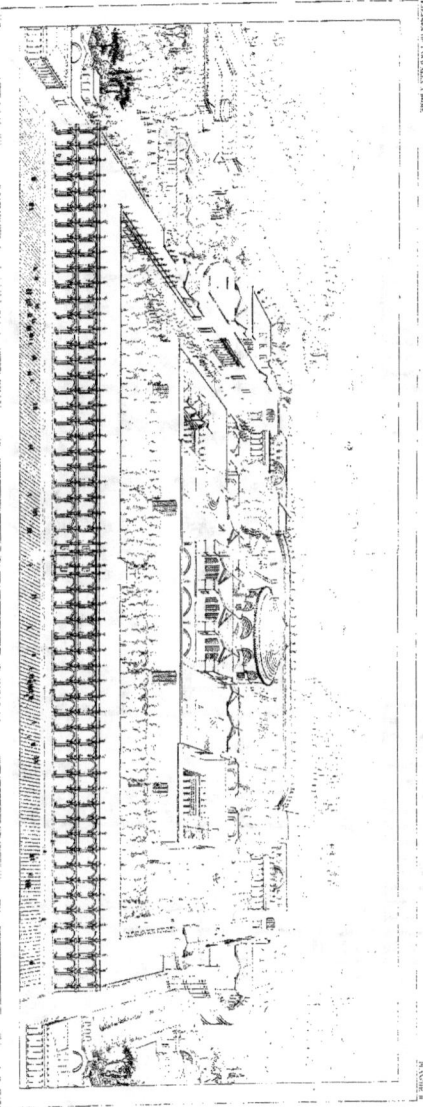

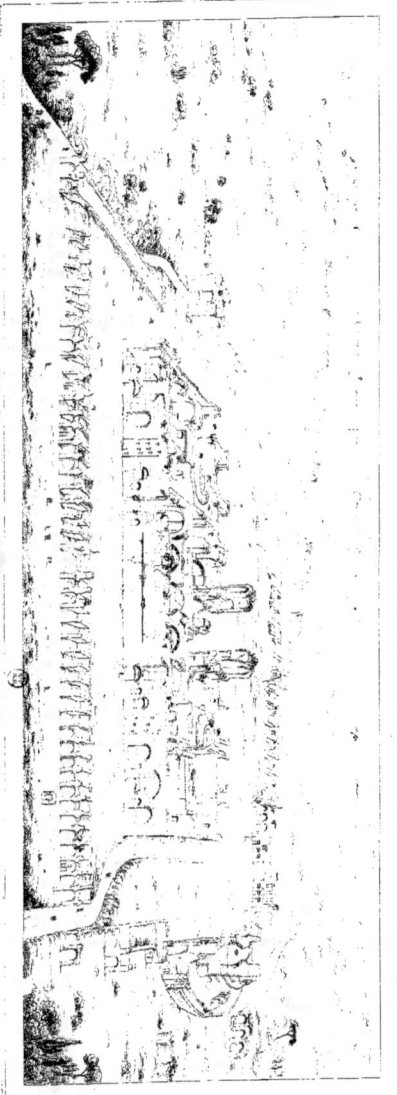

VUE GÉNÉRALE

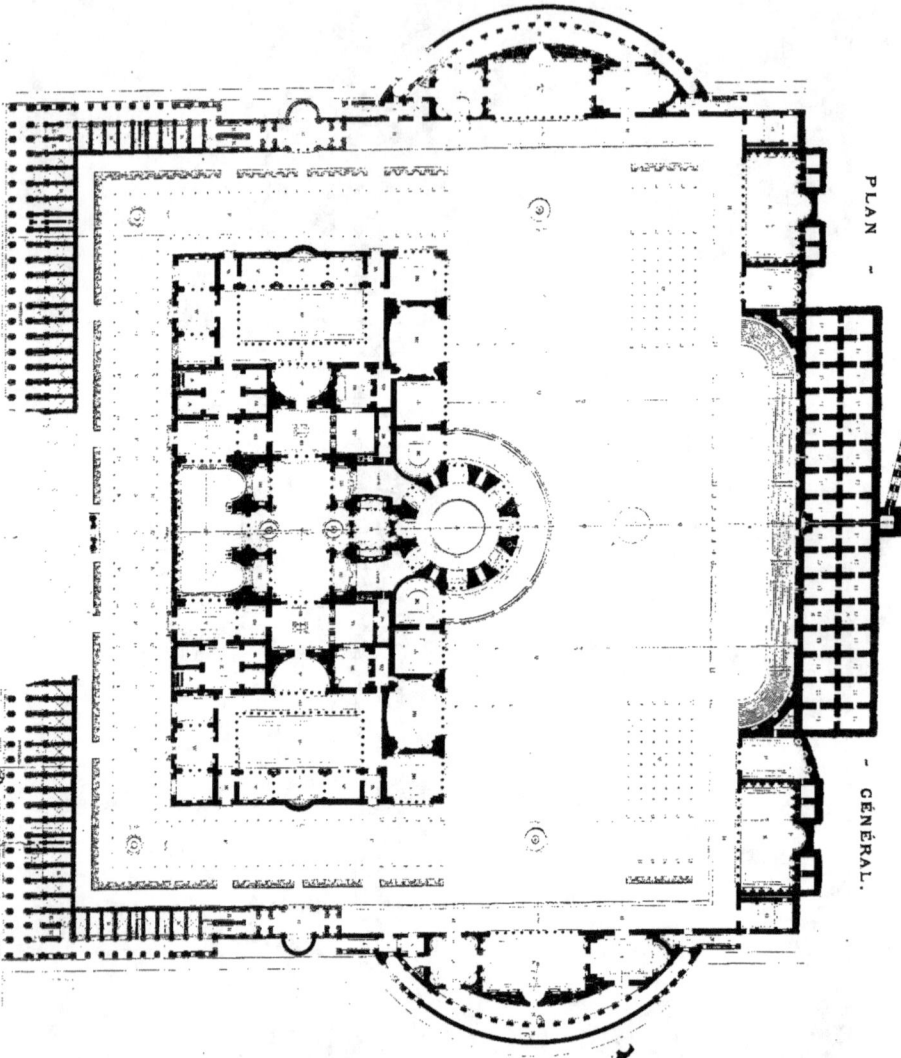

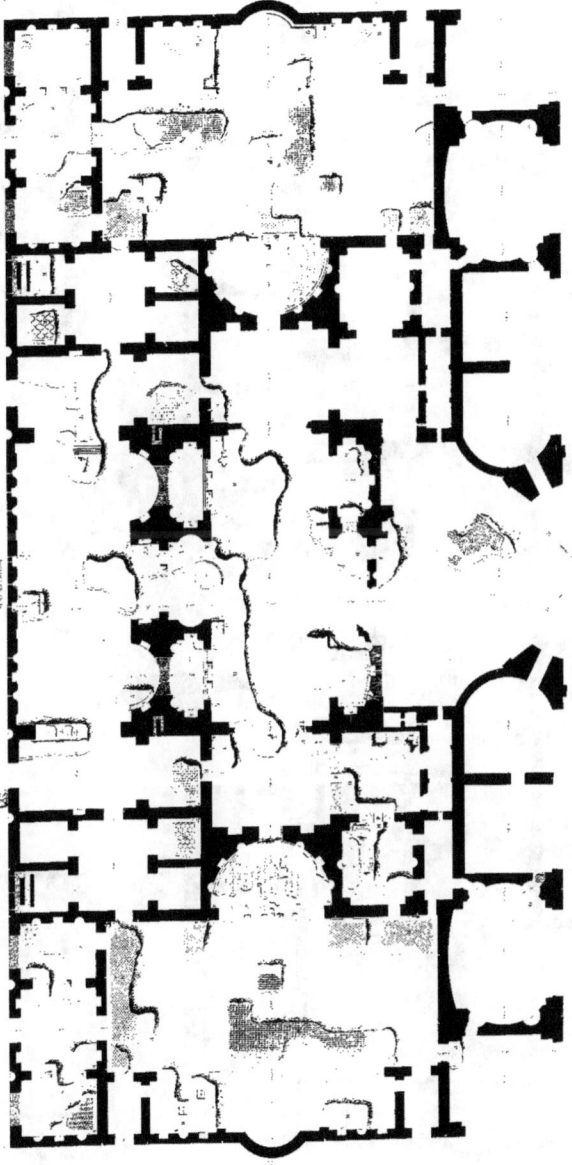

MONUMENT PRINCIPAL

RÉZ DE PEL

PLAN ET COUPES DES POUILLES QUI Y ONT ÉTÉ FAITES

en 1824 et 1825

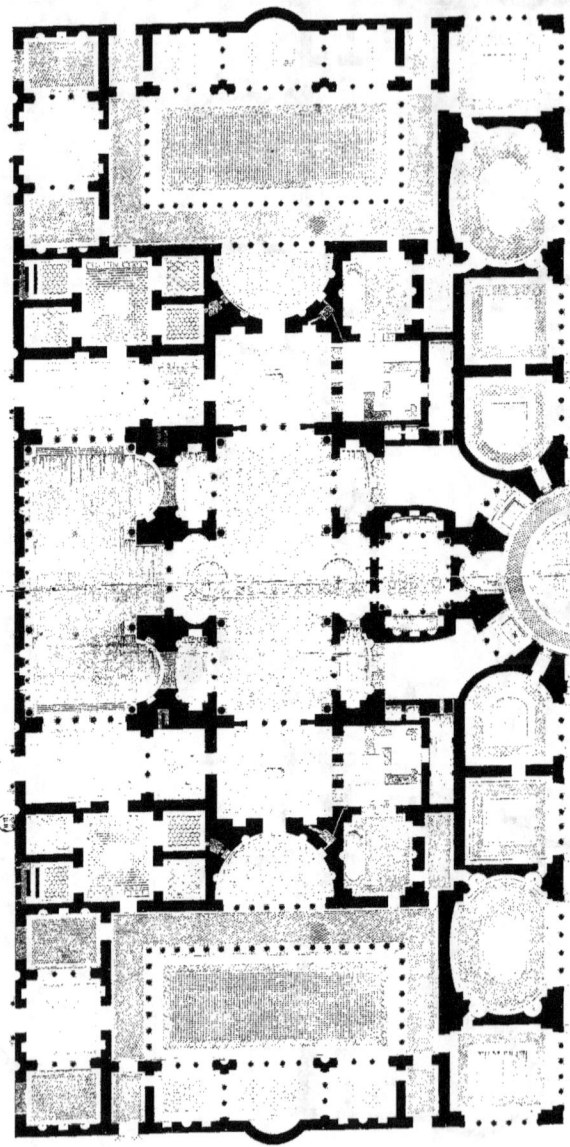

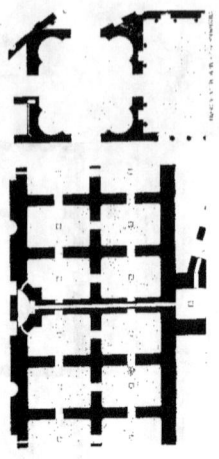

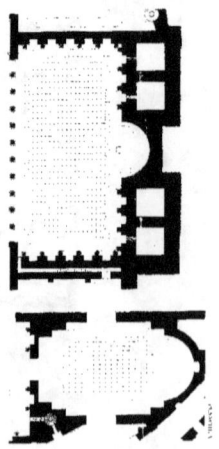

PLAN RESTAURÉ.

FACADE PRINCIPALE.

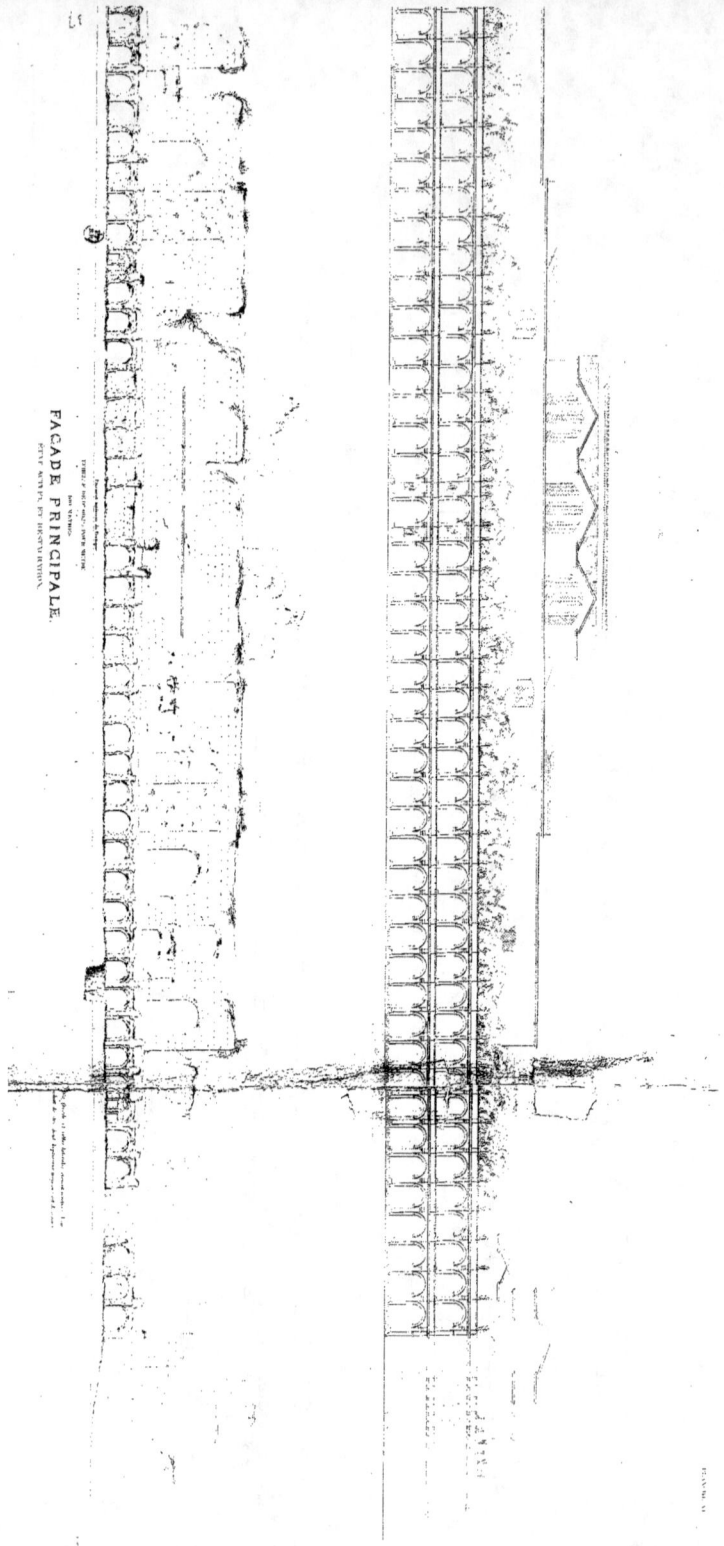

FACADE PRINCIPALE.

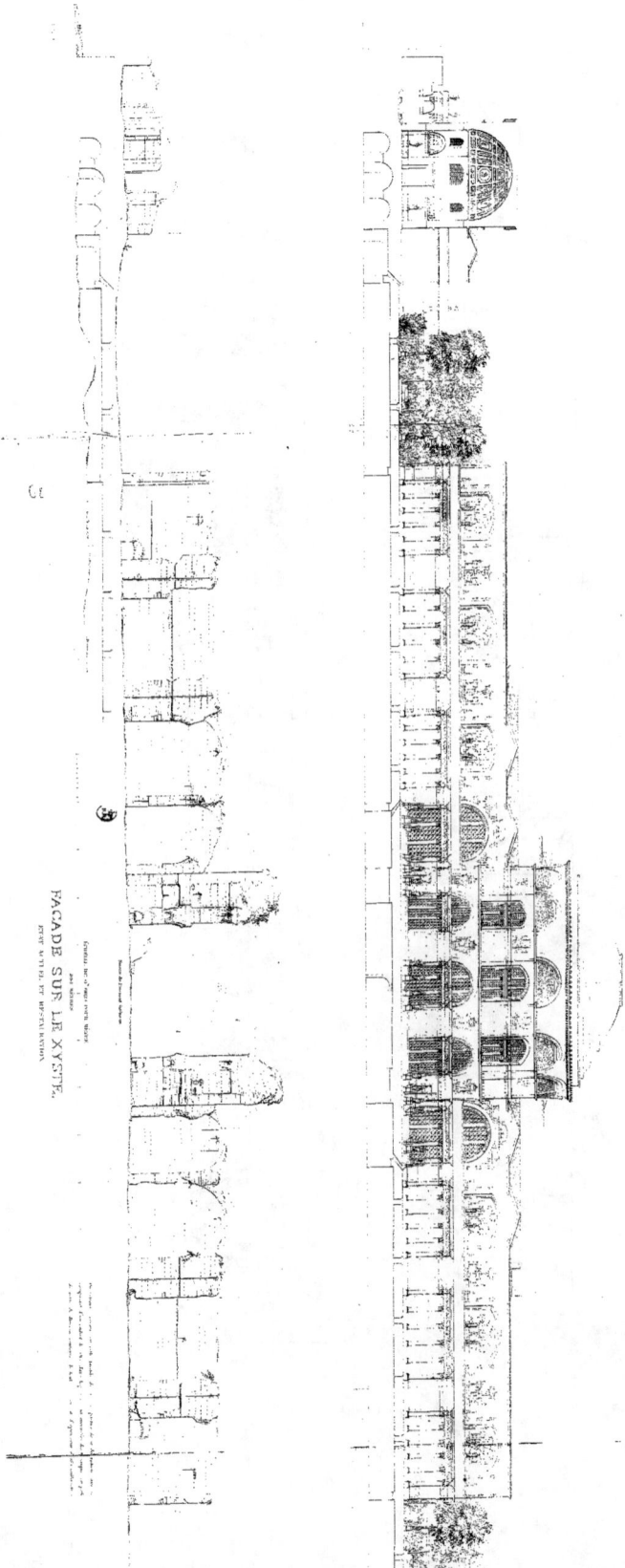

FACADE SUR LE XYSTE.

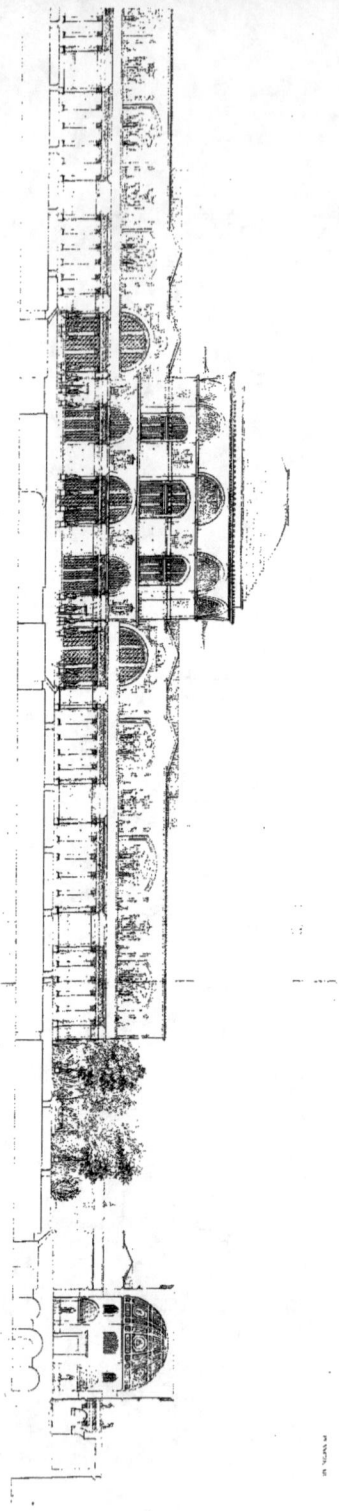

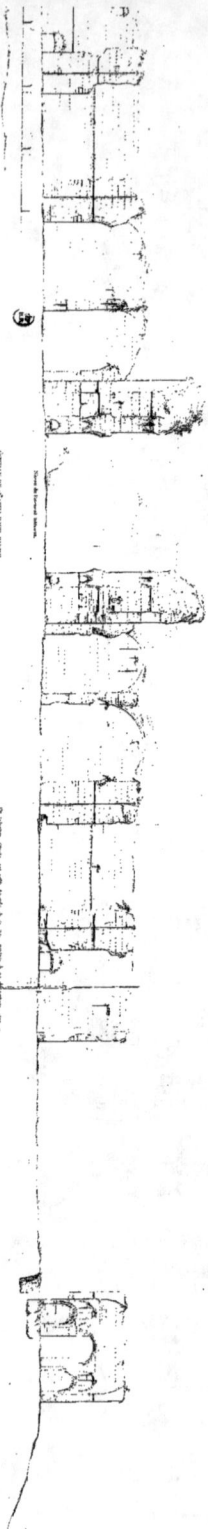

FAÇADE SUR LE XYSTE.

ÉTAT ACTUEL ET RESTAURATION

COUPE LONGITUDINALE

ÉTAT ACTUEL ET RESTAURATION

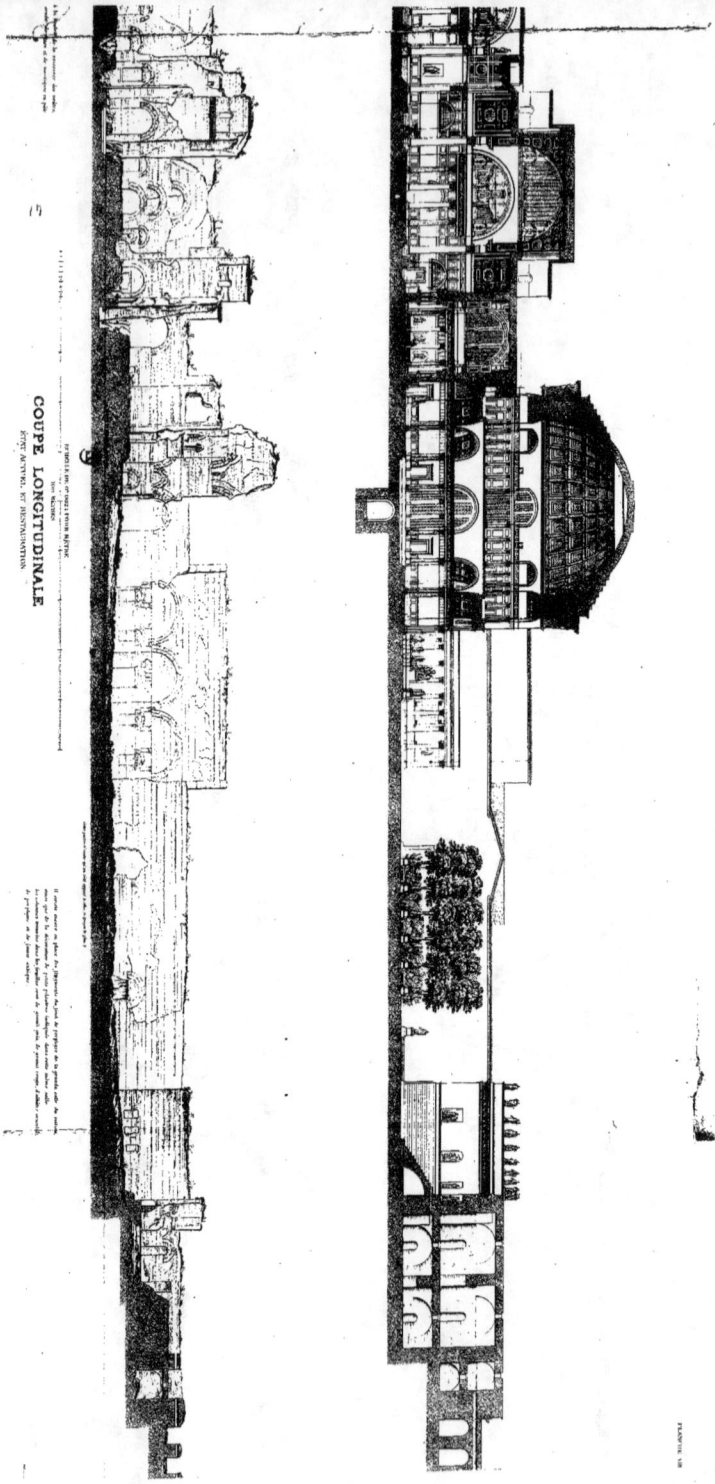

COUPE LONGITUDINALE
ÉTAT ACTUEL ET RESTAURATION

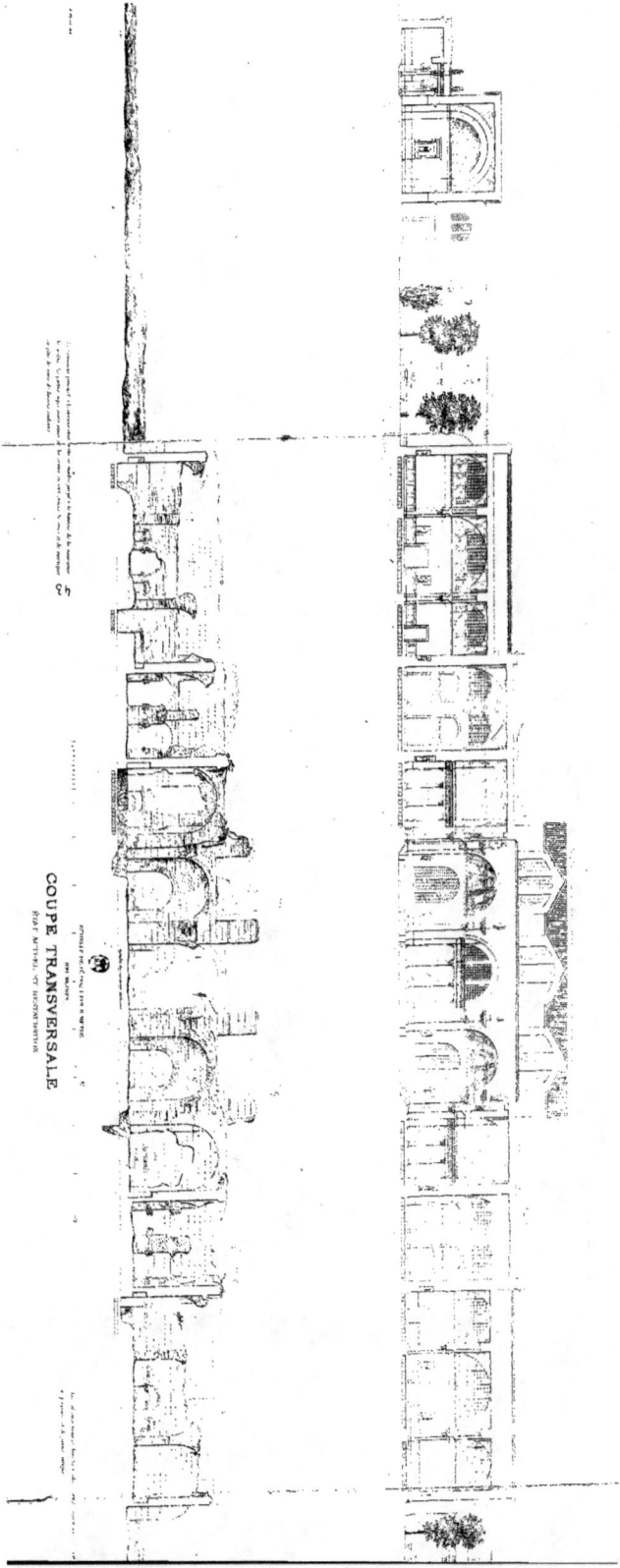

THERMES DE CARACALLA À ROME

COUPE TRANSVERSALE

ÉTAT ACTUEL ET RECONSTRUCTION

43

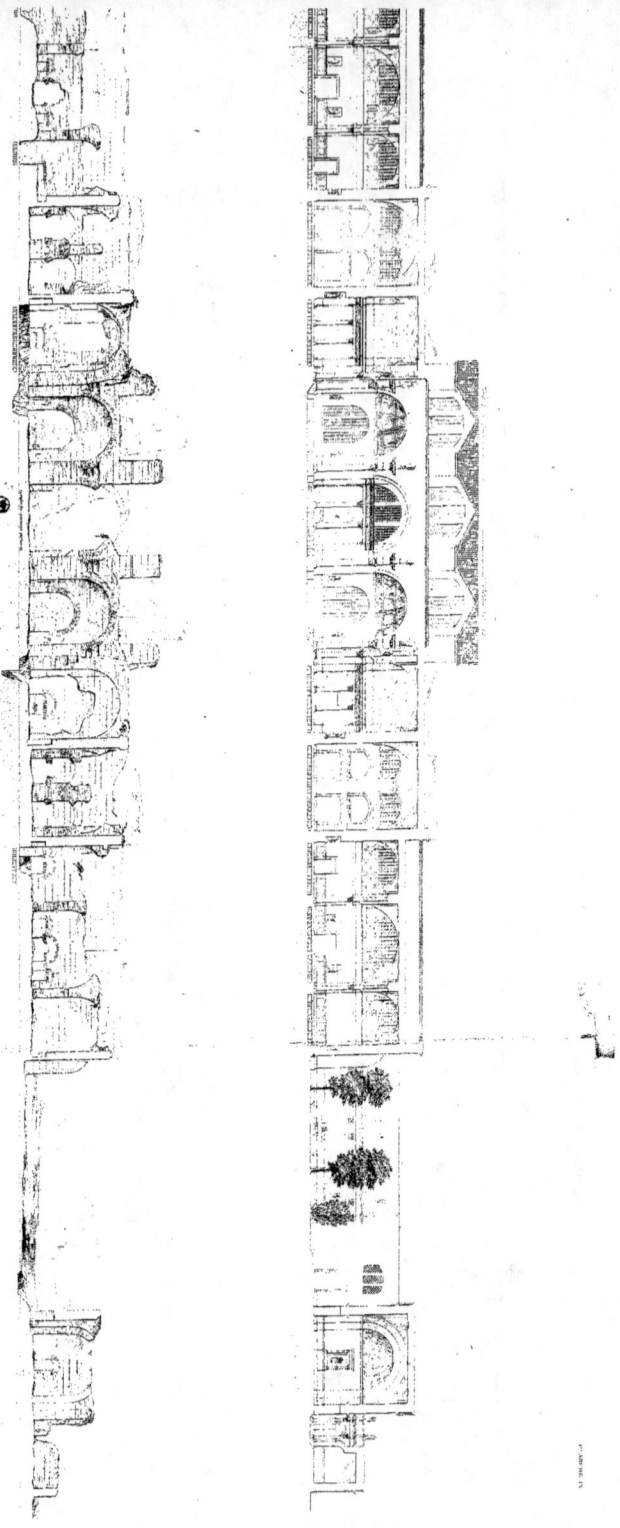

ÉTAT ACTUEL ET RESTAURATION

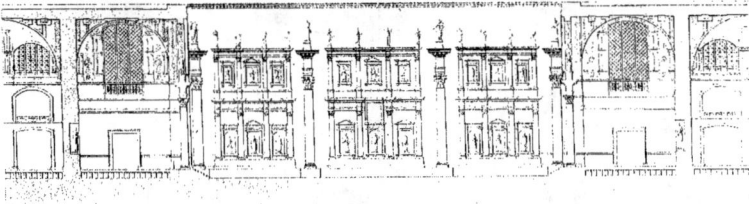

COUPE SUR LA PISCINE
ÉTAT ACTUEL ET RESTAURATION

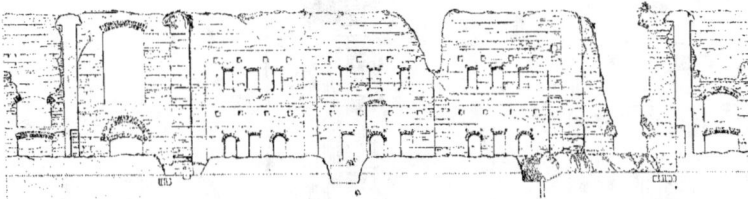

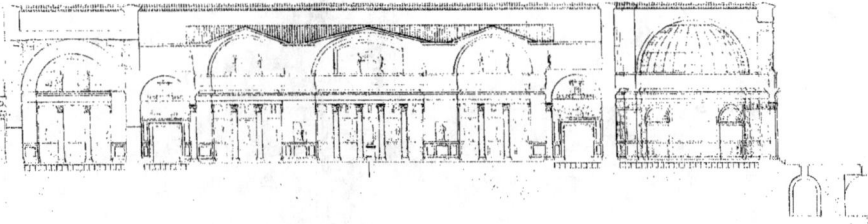

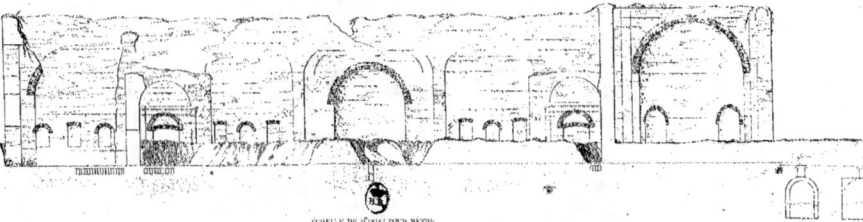

COUPE SUR LE PÉRISTYLE
ÉTAT ACTUEL ET RESTAURATION

ÉCHELLE DE VINGT POUR MÈTRE
10 MÈTRES

4.

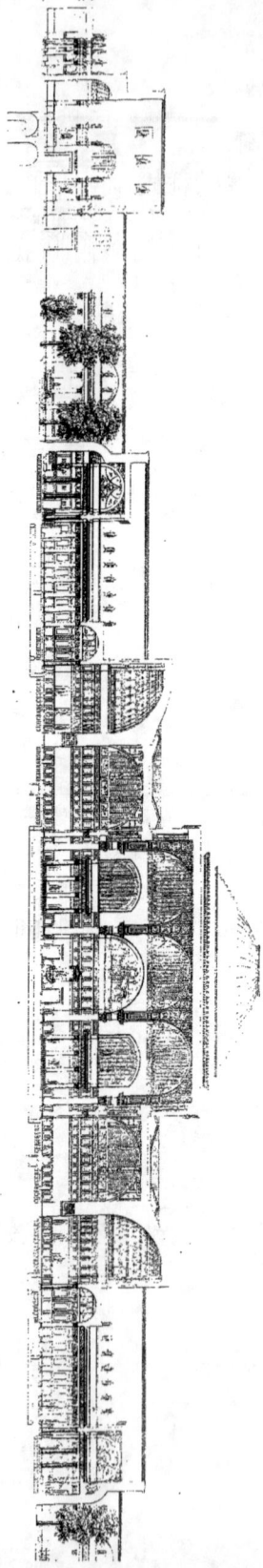

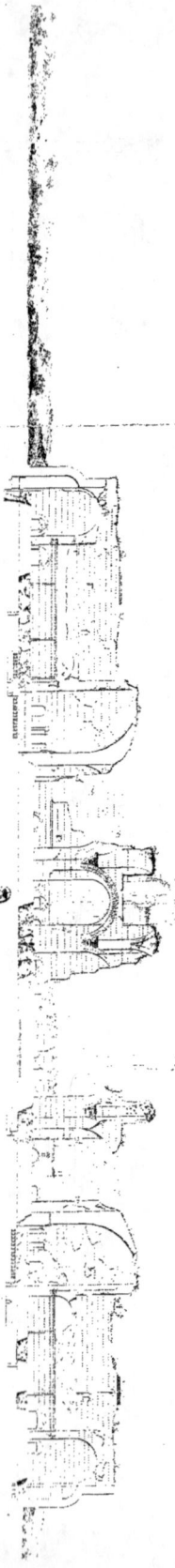

COUPE TRANSVERSALE

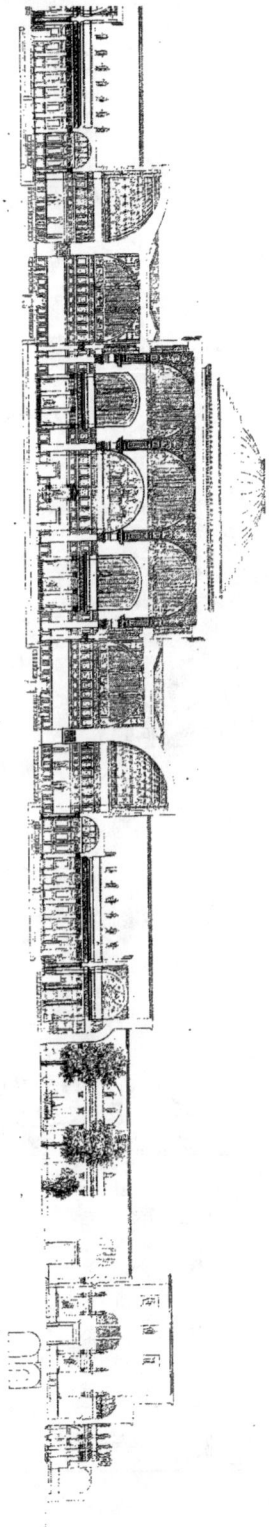

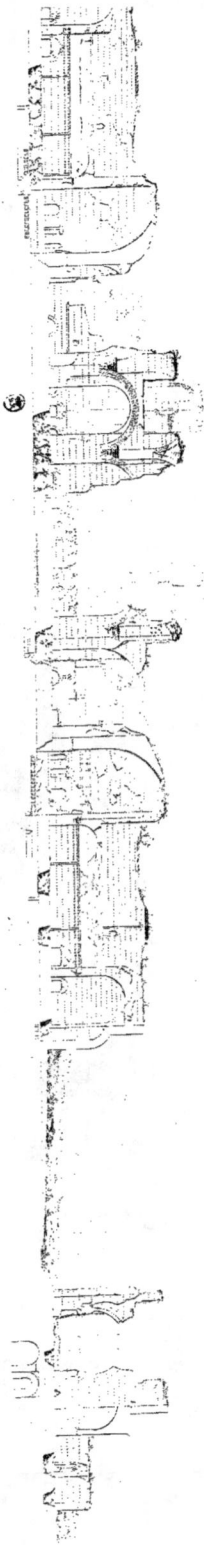

COUPE TRANSVERSALE

FRAGMENTS
TROUVÉS
DANS LES FOUILLES.

ÉCHELLE DE 0,05 POUR MÈTRE
5 MÈTRES

Fouille A
Vase en porphyre

Fouille B
Colonne de porphyre

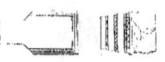
Colonne de porphyre

Fouilles B
Colonne de porphyre

Corniche de fronton

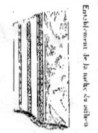
Fouille D
Encadrement de la marche en cuivre

Fouille F
Base trouvée en place

Base trouvée en place

Fouille H
Colonne de leucc antique

Fouille N
Inscription de l'ordre du portique

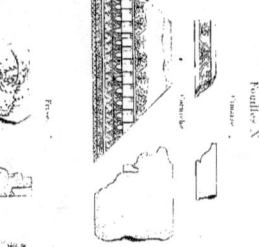
Fouilles N
Corniche

Fouille L
Colonne de leucc antique

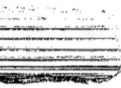

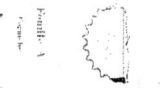

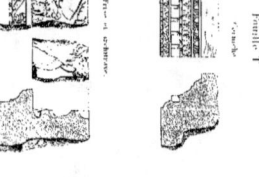
Fouille T
Corniche

Fouille B
Colonne antique

Fouille T
Corniche

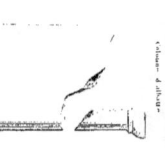
Fouille T
Corniche

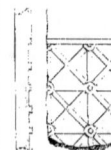

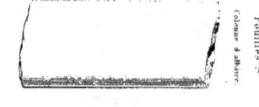
Fouilles S
Colonne d'albâtre

Fouille A
Pavage

Fouille B

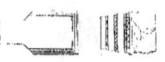

DÉTAILS DE CONSTRUCTION

Construction des voûtes

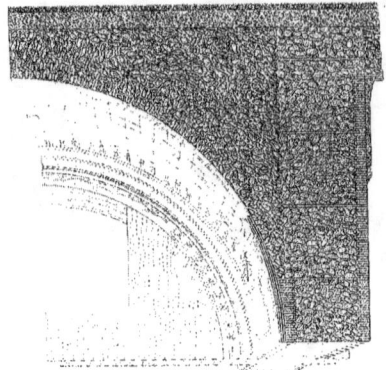

Chapiteau

Chapiteau

ÉCHELLE DES DÉTAILS

5 MÈTRES

Face d'une cheminée

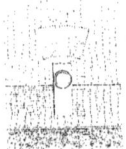

Coupe de la cheminée

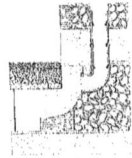

Construction des murs et des escaliers

Plan

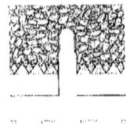

Plan

PLAN
de la Partie accessible des Constructions souterraines

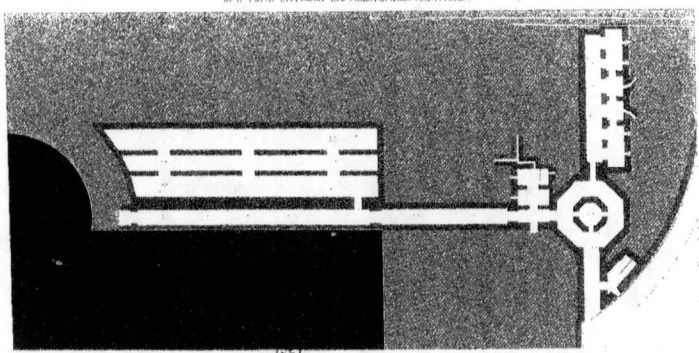

ÉCHELLE DU PLAN

100 MÈTRES

DÉTAILS
DES
MOSAÏQUES.

ÉCHELLE DE 0,02 POUR MÈTRE

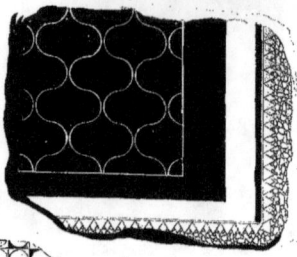

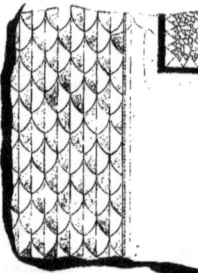
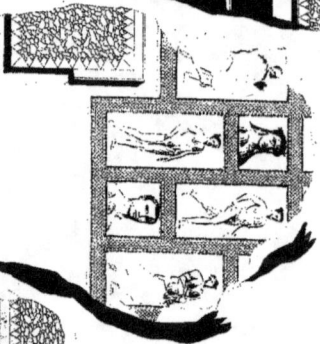
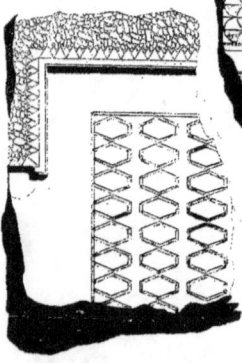
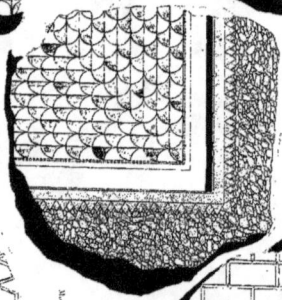

VUE DE LA GRANDE SALLE

ÉTAT ACTUEL ET RESTAURATION

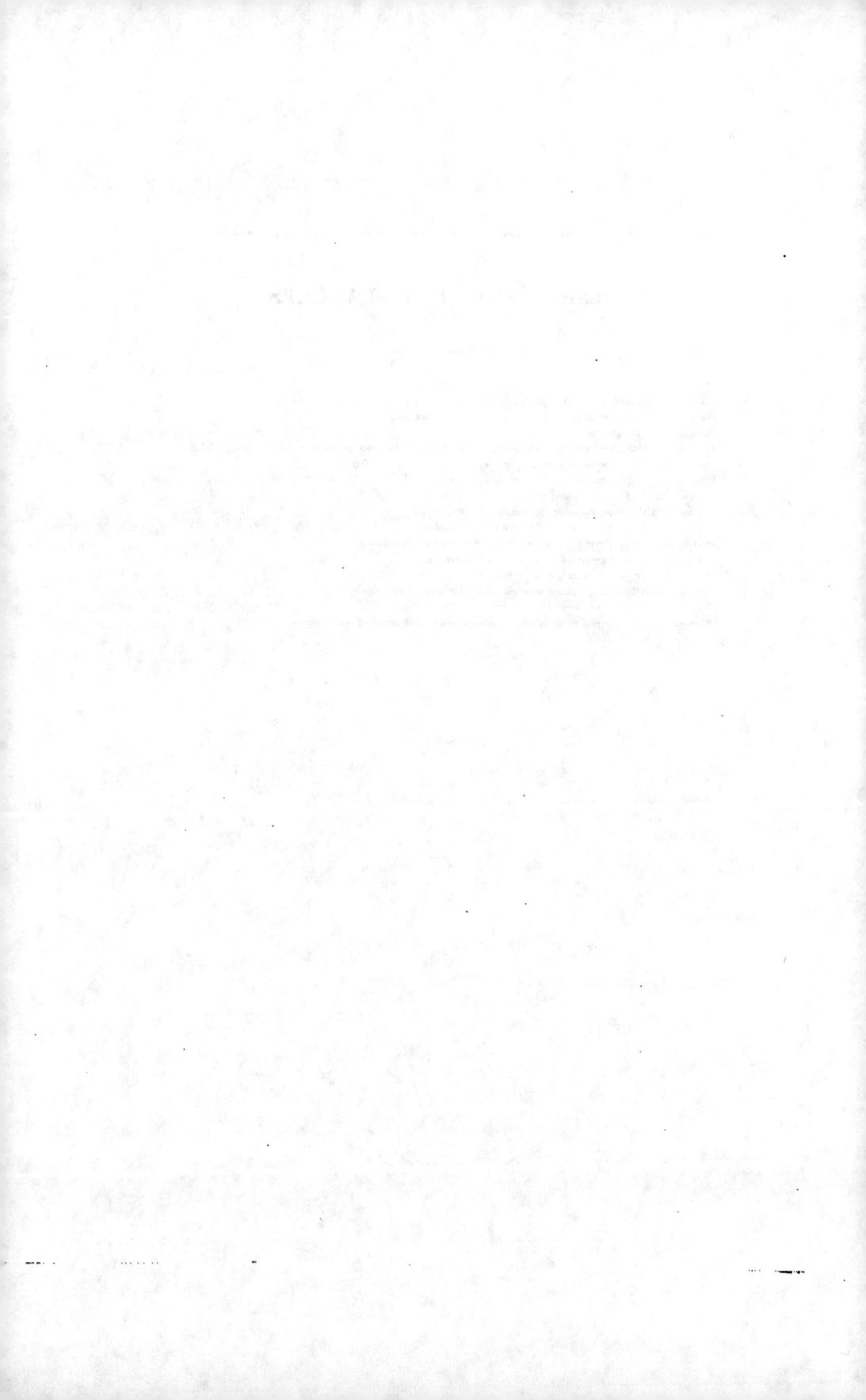

DÉSIGNATION DES PLANCHES.

www.ingramcontent.com/pod-product-compliance
Lightning Source LLC
LaVergne TN
LVHW022203080426
835511LV00008B/1545